贝页
ENRICH YOUR LIFE

小瞬间

钱庄 著

文汇出版社

自爱首先是接受现实。

爱是微小瞬间。

每个人都是命运与选择斗争的产物。

觉察就是我们最大的自由，
觉察自身，觉察世界。

目录 CONTENTS

序 ... 001

PART 1 觉察

你离美好生活,只差一个自我觉察的距离 ... 043

自我觉察:通往自由之路 ... 037

一种新的『存在』可能:没有过去,也没有未来 ... 030

熬夜、暴食、失眠……我们为什么照顾不好自己? ... 021

有时候,我们也会因为『变好』而抑郁 ... 017

长大后变成蜗牛:关于自我接纳的一则 ... 013

哪怕是想消灭自身坏的一面,也是一种自毁的欲望 ... 009

不光要骗自己说没关系,还要学会和自己说对不起 ... 004

PART 2 爱

「好的亲密关系,是自我被治愈后,自然结出来的果实。」	092
真正的伙伴,会让你感到生活值得期待	089
我最喜欢的,是一种「随时可以宾至如归」般的感情	085
喜欢可以是无理由的,爱都是有理由的	082
心灵的地狱竟好似乐园	079
你是真的爱上了 Ta,还是病理性迷恋?	073
不是所有的关系,首要的目的都是在一起	068
很喜欢一个人但就是得不到,怎么办?	062
Ta 对我是占有欲还是真的喜欢?	058
人为什么需要谈恋爱:「5 种类型的爱,只有 1 种是好的」	052

目录 CONTENTS

PART 3 生长

是什么让「丧」成为新的时代病? 151

怎么选都怕错:如何做好人生的选择? 143

你所渴望的东西,是否已经开始伤害你? 135

成熟就是停止幻想:「道理我都懂,可还是离不开」 124

到了一定的年纪,人为什么会扛不住压力结婚? 118

「渣」的本质是什么? 111

什么样才算是包含「尊重」的关系? 106

我希望的爱人,是因为「我之所以为我的特质」而爱我 103

爱是因为道德、责任和深深的共情而自愿给自己戴上的枷锁 099

这世上最有趣的事,大概是和爱人一起虚度白日 097

你不快乐，可能是向人生索取得太多	212
幸福的本质，和「欲望满足」关联很少	210

PART 4　自由

今天起，我不要再做个「乖巧」的女生	204
如果我们不恐惧，恶意就会失去一切的力量	199
不漂亮的权利：她为何无法放弃「变美」的努力	192
「我很不开心，但张开嘴却只说出没关系」	182
尊重与尊严：关于自我的一则	178
在直面动荡的时候，人才会意识到没有归属的可怕	169
你从哪里来：关于友情和故乡	163
这个世界为何让我们不快乐：关于人性和去人性	159

目录 CONTENTS

我们如何过上一种更自由的人生? 256

最好的人生状态：什么都没有，但什么都不缺 252

因为失无可失，所以不用患得患失 248

「生命充满谬误，我把它丢给虚无」 246

于你的内心，静待一场万物复苏 242

在我的自身中安居 238

很多人复杂过，而只有一小部分能回归单纯 235

每个人都是命运与选择斗争的产物 231

「人世间，谁不似躲雨的人」：面对人生的力量 226

最重要的家庭教育，是让一个人有能力「明辨是非」 222

深情是一种选择：宁愿深爱无归路 219

序

"有时一道深渊隔开星期二和星期三,而二十六年会转瞬即逝。时间不是直线,它甚于迷宫,如果紧贴在墙上的某个地方,你会听到匆忙的脚步声和语音,你会听到自己从墙的另一边走过。"

这是我非常喜欢的一段话,是瑞典诗人托马斯·特朗斯特罗姆所作的。

时间的确不是直线,也不是匀速前进的。我们每个人的生命中,都有一些起决定性作用的瞬间,在那些微小时刻中,命运为我们填上了各自生命的底色。

记忆也是基于瞬间开展的。没有一个人的记忆是时间忠实的记录。我们记住一些瞬间、遗忘一些瞬间,用自己选择的方式,将瞬间串联成了自己的生命故事。

而书写,是我们能够与自己的生命瞬间展开嬉戏的方式,是比摄影更真实的凝结瞬间的方式。

今天你们看到的这本书,它不是一本严肃的书。它所收录的文字,都是我这两年一边运营着KnowYourself,一边在生活的过程里偶然写下的。写作是我自小喜爱的。在还没有手机可以玩的年代,给我一支笔一张纸，我就觉得趣味盎然。它是我的娱乐游戏。

它也不是答案。人作为渺小的意志，在宏大的不可知面前，能够找到存在感的方式之一，就是用自己的整个生命过程，去验证自己的个人化的真理。从这个意义上来说，真理是极度主观的。

我至今保有写作的习惯，并非精雕细琢的那一种写作，而是在一些瞬间捕捉自己的、私人的生命真理的写作。阅读和写作，对我来说本质是一种精神社交。

那些能够彼此共鸣的灵魂，因为写作和阅读，在一些相互不知道的时刻，发生了真切的精神的连接，这种有连接的体验发生的瞬间，能够安慰到因为存在而体验着生命本质的绝对孤独的个体们。

每个时代都有一些妙人儿，我用它向广袤世界发出信号。期待我的一些生命瞬间，能够唤起其他人的一些生命瞬间。

我和朋友们说，如果有可能，我的二创项目要做一间写作学校。因为写作是一项值得孩子们从小就去理解，继而去养成的爱好。而写作本身也是非常"心理学"的。

写作可轻可重。在沉重的时刻，它能帮助人处理生命中一些难以处理的部分和遭遇。在书写自己的过程中，我们将创伤通过创作升华——精神分析理论中把这个过程称为"结晶化"，当创痛的个人历史在艺术和创作中得以结晶，我们的生命就不再继续受到它们的影响。在轻盈的时刻，它也是人自我陪伴、结交朋友的美妙游戏。

最后致每一个看到这里的朋友，欢迎来到我的游戏中。

PART 1
觉察

不光要骗自己说没关系，
还要学会和自己说对不起

1

自爱这件事，说起来很容易，做起来真的很困难。

有这样一个悖论：人们往往用自我批判的口气说，"我应该更自爱的"。但说这句话的时候，实际上人们仍然是在自我批评和表达对自我的不满。

最近有不止一个朋友，聊到失败了的关系，有工作关系也有亲密关系，提到很多"自己当初不应该"。我的这几个朋友都是很棒的人。这是另一个悖论，往往是那些更好的人，会不断反思自己做错了什么。

因而是那些更有理由、更值得自爱的人，反而更容易陷入对自身的不满中。

2

之前看了最新一集《实习医生格蕾》，大狗血剧，却也不知不觉看了好多年。这集的剧情里，一个医生找到了当年遗弃她的母亲，质问母亲当初为何不能为自己做出更好一些的安排，比如联系一家靠谱的领养家庭。母亲虽然表情很沉痛，但坚持说："当时的我已经尽我所能了。"

在我看来，这就是"自爱"的一个很好的例子。母亲当年被朋友强奸怀孕，生下孩子后无法面对孩子，因而直接把孩子遗弃在路边，再也没有找过她。

这位母亲有无数理由不原谅自己，永远活在自我责备中。但当她经过了多年的心理治疗，能够理解到：当时的自己并不是如今的自己，如今的自己懂得了更多、有了更多的资源，也有能力做得更好；但当时的自己，就是那样一个真实的状态：脑子混乱、情绪崩溃、能力有限。

"那个时候的我已经尽力了。"大多时候这句话都是真的，我们之所以做了一件事、一个不够好的选择，只是因为那时的自己只能做成这样了。或者是现实的局限，或者是心理状态的局限，结果如此。

自爱首先是接受现实。接受全部的现实，接受当时的自己实际上没有可能做得更好的现实。一个已经"做到了当时所能做的最好"的自己，不应该被后来的自己反复责怪，更不值得让后来的自己一直生活在自责和煎熬中。

3

有一些人会很轻易地批判我上面的这个说法。他们会说，遗弃了自己的孩子活该一辈子活在自责里。

某种程度上，我羡慕这些人，我羡慕他们简单的生活经历，令他们得以保留这样非黑即白的简单的道德观。如果一个人体会过人生的复杂艰辛，就一定能够理解，包括自己在内的人类身上都一定存在着的人性的局限和软弱。著名的女性主义者苏珊·桑塔格说过这样一段话：

"如果有这样一个人——他始终对堕落和腐败的存在感到震惊，始终对人类可以向同类施以阴森残忍的暴行感到失望（甚至从不相信）——只能说他在道德上和心理上都还没有进入成年期。在过了一定的年龄之后，谁也没有权利再享有这样的天真和浅薄，没有权利再享有这种程度的无视甚至（可以称为）失忆。"

而作为我们自己，我们每个人都只有一个自己，那就是当下的、此时此地的这一个。你只能与这个自己和平相处。你只有原谅自己，生活才会有出路。

人不是不能甩锅，有时候适度的甩锅不但必要且有用。甩锅代表着一种外归因的思维方式，这样的人在面对挫折的时候，能够认识到自身以外的原因和他人的责任，因而更不容易让自我价值被挫折摧毁，更容易从挫折造成的打击中恢复。

生活总得继续，你既然还活着，就只能想办法让每一个此刻好过一点。更何况有时候真的是他人的过错。比如，你爱上了一个错误的人——是的，在这件事中，你的确也有责任，你被一个错误的、一定会伤害你的人所吸引。但首先你要认识到大部分的责任是对方的，你只是运气不好。此外，想要改变你自身的这个状态（指"被会伤害自己的人吸引"的状态），靠更多的自我责怪一定是无效的。

你只有不断安慰自己，学会照料自己，然后才能摆脱被错误的人吸引的魔咒。

4

也许你不要对自己说没关系，试试说对不起。

很多时候我们都会骗自己说，我没事，这没关系。这是对我们自身需求的一种否认。

一个自爱的人，懂得承认自己的需要，当自己没有照顾好自己的需要的时候，Ta 会充满关怀和爱意地和自己说对不起，"对不起，我让你受苦了"。

所谓"自爱"，归根结底不是一种决心，更不是一种宣言，而是和自身之间达成一种新的关系——就像人际关系一样，我们学着用一种全新的方式和自己相处。最终我们与自身之间的关系表达出一种新的样式。

你曾经不够爱自己啊，但没关系，当初的你已经尽力做到所能做的最好了。同时，对不起。这是一种新的、始终怀着关爱看待和对待自己的方式。

如果你觉得你希望更爱自己，你可以试试从今天起，就像对待一个你最爱的好朋友一样对待自己。首先停止用指责的语气对自己说"你本应该如何如何"，说"谢谢你竭尽全力"，说"对不起让你伤心"。

哪怕是想消灭自身坏的一面，也是一种自毁的欲望

1

有很多人，都在很多年的时间里，进行着一场与自己的战争。

他们对自己身上的某一面感到不满，想要否认它、压抑它、消灭它。

这一面也许是痴迷，也许是贪婪，也许是虚伪，对每个人来说都不同。

每当这一面流露出来，他们会对自己感到厌恶。

人们相信，自己之所以不幸福，是因为自己所厌恶的那个部分存在，只有通过克服它，才能获得幸福的资格。

这件事不算一个很大的问题。因为每个人都会有一定程度的自我厌恶——但如果这一面实际上是自身非常核心，或者显著的部分，这场战争就会带来非常严重的后果。

2

我们所讨厌的那个部分，本身就是自己——自己是一个无法切割的整体的存在。

就算我们不愿意承认那个部分的自己，它也会怀有自身的某些需要。而当这些需求——无论是痴迷的需求，还是破坏的需求——完全无法被满足时，我们始终就会被一种"没有得到满足"的感受缠绕。

另一件讽刺的事情是，我们那么不愿意这个部分被他人看见，但如果这个部分真的完全不被他人看见，我们又会被深切的孤独感困扰。

我们感到空虚，因为有一部分自己的存在没有被任何人看见——这让我们的存在感打了折扣。

有一部分的自己不被允许存在——这是很多人长期抑郁的根本原因。

3

所以，人们会深陷于一些令自己都感到难以理解的关系里。虽然在这个过程中产生了剧烈的痛苦、付出大量的代价，却又隐隐觉得仍然有满足感在发生。

可能正是因为，唯独在这个关系里，自己的那个平日里不被允许的一面被触发了，与他人发生了关联，被看见了，也被回应了。哪怕是以一种非常暴戾的方式。

只有当这个部分也被看见和互动，"存在"才变得活生生了——我们才感受到真实确凿的自我存在。

我们在一些关系中变成了自己都不认识的样子，其实是因为有一部分的你本来就存在着这样的需要。

这个需要自我表达、需要被看见和回应的部分，本来就是真实的你的一部分。

如果这个自己完全不被好好照顾，它的需求被置若罔闻，你只想暴力地镇压和抹去它——你一定会失败。

4

我们无法逃避自身作为一个真实而完整的自己存在的需要。

（当然，这种否认和逃避，可能也正是你需要的——你还没有准备处理更复杂的状况。）

有一首歌是这样唱的：永远有不妥协伤口，有些憾事不放手；若你太刻意淡忘，越会补不到缺口。

大概，理解那个部分的存在，接受它也是自己，尽可能地照顾它的需要，是解决自我厌恶和自我毁灭欲望的另一条路径。

这就是我想说的事情。

我们无法感到幸福，如果一部分的自己的需求没有被满足。这也就是很多人说,"如果自己不变好就不会拥有好的关系"的原因——即便你知道什么是好的,你也会忽略那些"不够好"的需求的存在。

你也许就是需要被贬低,或者你需要追逐的游戏。你只能等待改变自然而真实地发生,而无法强行推进这个进程。

5

饥来吃饭,困来即眠——接受自己的需要,是"道"的开始。

"执迷是我,空亦是我。"

长大后变成蜗牛：关于自我接纳的一则

1

人在长大的过程中必须完成的一个任务是：形成一种随着时间累加，相对前后一致的稳定的自我认知。

理论上，这一生命任务是应当在青春期完成的。在心理学家埃里克森的理论中，12—18岁的孩子常常感受到自己是截然不同的多种面貌，随着心智发展，才慢慢理解到自己是一个整合的自我。

但现实中对于许多人来说，18岁时这一任务才刚刚开始。尤其对那些因为求学或者其他原因，不断搬迁到新的环境中的人而言，更是如此。

他们中的一些人，不但能够认识到自己没有形成统一的自我认知，甚至能够清醒地觉察到自己抗拒形成这样的认知。曾有一个朋友这样向我描述：

"我以为自己是这样一种人，过着这一种生活而觉得痛苦的时候，能够不用吞下和处理这些痛苦，转身逃向另外一种自我认同，过另一种生活。可是，每一种生活里都必然包含了一些独特的痛苦，于是自己只能在不同的自我里抱头逃窜，周而复始。"

这让我想起《国境以南 太阳以西》里的一段话：

"在此前的人生途中，我总觉得自己将成为别的什么人，似乎总想去某个新的地方、开始新的生活、在那里获取新的人格。迄今为止不知重复了多少次。这在某种意义上是成长，在某种意义上类似改头换面。但不管怎样，我是想通过成为另一个自己来将自己从过去的自己所怀有的什么当中解放出来。"

的确，如果能够从过去认识自己的世界里消失，去一个新的地方，重新向别人介绍自己，是一种处理历史的"捷径"。而成年人的生活和学生时代相比，最显著的差别之一就是，不再有提前规划好的终结和分离随着"毕业"如期而至。

这意味着，经历了最后一次毕业之后，我们将以"社会人"的身份开始持续存在。这同时意味着，在这个过程中如若发生了一些令自己厌恶、哀伤、愤怒或羞愧的事情，和一些自己不喜欢，或者不喜欢自己的人有了一些不想记住的经历或历史，我们无法通过去另一个地方、变成另一个自己，来把它们轻松抹去。

这样的我们变得像蜗牛一样，不愉快、不想要的历史也只能变成越来越大的壳，始终背在身上。这种"只能随着时间不断累加"、"无法从中抽身而去"的自我认知，会让一些人感到异常痛苦。

2

"我看着自己对许多事浅尝辄止,跑到它们面前又跑开,因为从本质上说,我仍未做好准备,仍在恐惧与任何一个东西建立起过深的联系。我唯恐那样的联系将会定义我是一个什么样的人,而任何一种定义的形成都将以其他无数种定义的死去为代价——说到底,这是一件落笔无悔的事情。"

另一种无法建立稳定的自我认知的原因,便是这样一种对于生命的完美主义。人们精心设计自己应当成为什么,并因为假想中自己会因此失去的其他可能性难以做出决断、踟蹰不前。

稳定的自我认知是这样一种精心设计后,做出的最好的选择吗?显然不是如此。

想要踏踏实实地,拥有一个稳定的自我认知,从此能够背着这一个壳,不断生活下去,需要的恰恰是与之相反的一个前提——这种前提就是我们对自我的接纳和原谅。

对自我的接纳和原谅,包括接纳自己身上会有自己厌恶的部分,原谅自己会在一些时候、一些场景中做出不符合自己价值观的行为和决定;也包括接纳他人对自己的种种误读、片面的认识,甚至是阴暗的揣测,原谅他人,也原谅那个他人口中的自己。

人并不是生来就会自我接纳的,尤其是那些在儿时没有体会过被父母接纳的孩子。他们容易成为生命的完美主义者。可在生命的某一时刻,他们都会不得不面对这个命题。生命没有给过任何人做一个彻底的完美主义者的机会——甚至可以说,那些放弃生命的人中,有许多恰恰是因为无法放弃对生命的完美主义。

活下来的人,我们每个人,都会有一些一想到就会使自己很不适的经历,有一些希望不曾发生过的事和不曾遇见过的人,有愧疚,有羞耻,有不甘,有悲伤。但我们让自己的生命容纳了这些人、事和经历——我不能说这种容纳使我们的生命变得更浑浊了,我只能说这种容纳使我们接近了生命本真的复杂性。

当我们接纳和原谅这种生命本真的复杂性的时候,我们才学会了臣服——我们放下了自己,向更高大的某种生命的真谛臣服。在臣服中我们明白了自身的渺小、无能,不再试图掌控自己和他人,却也终于学会了如何好好地一直生活下去。

这个世界恐怕很不适合那些纤敏美好的灵魂生存,正如同德国诗人赫尔曼·黑塞写的那样:"那些渴望音乐而不是噪音、渴望(真正的)欢乐而不是享乐、(渴望)灵魂而不是金子、(渴望)创造性的工作而不是糊口,(渴望)激情而不是愚昧(的冲动),在我们的这个平凡细碎的世界里找不到容身之处。"

从这个意义上来说,让生命变得浑浊一些,也是这类人的必修课。

"然而最终我想我哪里也未能抵达,无论如何我只能是我。我怀有的缺憾无论如何都依然如故。"最终,这个周而复始、不断试图修复自己而不断失败的过程,最终只有一个停止的方式:那就是接受缺憾,并接受自己将永远和缺憾一起存在下去。

有时候，我们也会因为"变好"而抑郁

1

最近看了一些关于抑郁的小文章，有一些内容很有意思。

抑郁和受虐是不同的。

受虐者，其实会秘密地操纵一些客体，把 Ta 变成施虐者（是的，很多时候在一段施受虐的关系中，是受虐者更有决定关系存续的权力）。一种"与客体纠缠在一起的挣扎感与兴奋感"，无论被掩饰得多么隐秘，是"受虐"这件事的核心。也就是说，那些看似深陷于纠结的痛苦关系的人，很多也正是享受着从别处无法得到的兴奋感。

而抑郁，则是切断所有的联系，让自身彻底陷入孤绝的处境。但这种孤绝，同时也是一种自我防御的策略——它避免了一个人陷入更大的斗争和痛苦中去，比如避免关系中与他人之间权力的高下之争，或者被拒绝、被否定的可能。

而针对抑郁的治疗，应该致力于理解这种"防御"，以及它究竟在防御着"什么"。这位精神分析师说，抑郁本身，不应该被看作一种病的实质，那被人们死死防御着、不愿意去面对和处理的东西，才是他们问题的源头和本质。

他认为，我们每个人的心灵，都依据一种最简单的原理运作：它让我们尽可能地拥有快乐、尽可能地避免痛苦。所以，你所经历的所有心灵体验，都已经是选择了当下这一刻，你能作出的最少痛苦。即便你已经感到非常痛苦，它仍然是对你自己的一种保护。

所以我们要接受自己的每一种体验，因为你所经历的，正是此刻你最需要的事。

2

心理学家查尔斯·布伦纳还说，焦虑感，是一种对未来的担忧；抑郁感，却只可能是对已经发生的负面事件的不适。

我们会因为生命中种种被压抑的愤怒、没有被满足的愿望，以及所有的恸失而抑郁。但很有意思的是，有时候我们也会因为"变好"而抑郁。

有一位心理治疗师曾经这样说："有时候，在变得更好之前，你会变得更糟。因为在变好的过程中，你也是在失去很大一部分自我身份感。你失去了你旧有的应对世事的方式——那种孩童般的，但曾经某种程度上有效的应对方式。那种应对问题的方式又不足够有效，因为如果不是这样，你也不会在这些年里坐在这里

（指咨询室）。但无论如何，这些造成了一些问题的旧的行为或思维模式，仍然是你的一部分，非常重要的部分。当你变好的时候，你也是正在逐步失去它们——而与此同时，新的、更好的模式还没有建立起来。你正站在一个既不属于过去，也不属于未来的时刻。"

这种抑郁可能是最应该被欣喜接受的一种，因为你知道，那些苦痛的过往最终会随着这一阵抑郁的迷雾散去。在这里应当引用里尔克的话，他认为悲哀往往发生在一些新事物进入我们的生命的时刻。就在那个既不属于过去，也不属于未来的时刻，一些新事物得以有机会进入我们——这些新事物会真正改变我们，从而改变那个逐步降临的未来。

3

卡尔维诺在《寒冬夜行人》中写道，"但是，过去的事都在她的面孔上留下一层阴影，使她现在的面貌模糊不清。正是这些往事，别人的回忆，笼罩着她的面容，使我看到她时不能把她当作第一次见到的人看待。"

对于这些心灵承受着痛苦的人来说，正是"悲哀"，会逐渐消解蒙在我们脸上的阴影。随着我们对悲哀的释放，所有的苦难最终得以离开我们的身体。

4

"当北风与冬天让一切凝固,
一切变成爱的荒原,
它就会低诉花园的絮语,
你就会恍然大悟。"

熬夜、暴食、失眠……
我们为什么照顾不好自己？

1

前一阵做了胃镜。这两年得了一个怪不舒服的病，叫做"反流性食管炎"，当然还有其他慢性的肠胃问题，今年还动了一场小手术。

作为第一批奔三的 90 后，我们自我意识极强，凡事都爱随心所欲。从离开家上大学开始，这十年过得最是随性不过，吃饭、睡觉都没有定点一说，白天不饿就不吃了，半夜饿了就大吃一顿宵夜。觉也少，天天三四点睡。

说实话，我以往一直觉得这些都不是什么大不了的事情。但自从这两年生病，频频觉得不舒服，才不得不开始关注起生活中许多特别具体的问题。

我小时候一直被告知"只管读书就好，生活的事不值得你操心"，衣来伸手，饭来张口，乐得天天看书看电影，思考一些阳春白雪的问题。到如今真的开始安排自己，才发现"好好生活"这四个字,端的是费力——

原来照顾好自己是一件需要很多精力、对我来说非常困难的事情,我常常感到精力不够顾及生活中诸多琐碎,有种被生活压倒(overwhelmed by life)的感受。

于是我留心观察了一下身边的同龄人,发现和我有一样苦恼的人并不在少数。不会自我照顾,可能是这个时代的年轻人最为普遍的现象之一。而大家到了快30岁的时候也开始受到身体的反噬:过敏、肩颈腰椎问题、消化道问题等等。

这些问题的来源,表面上看是混乱的生活方式。我们在KnowYourself公众号的读者中做了一个小调查,共回收113份有效问卷。值得一提的是,样本中88.50%的受访者的学历为本科及本科以上。可以说这是普通人群中相对聪明或者努力的一群人,但他们的生活过得怎么样呢?

我们来看看数据。

从调查数据来看,这些人中极大比例都有着不健康的生活方式,排名最高的三项为:熬夜(77.88%),其次是不运动锻炼(或者过度运动)(57.52%)及睡眠时间过少或过多(46.02%)。

那么大家一般熬多久的夜呢? 38.94%的人在当日的23点到24点入睡,有接近半数的人(43.36%)在24点到次日2点之间入睡,还有3.54%的人在2点之后(看心情的有5.31%)。

单身受访者比已婚更容易晚睡。42.86%的单身受访者在24点到次日2点之间入睡,已婚受访者仅20%;38.96%的单身受访者在 23 点到 24 点之间入睡，已婚受访者有 50.00%。

男性睡得更晚。11.54% 男性在 2 点之后入睡，对应女性比例为 1.19%。

26—30 岁的人睡得最晚，有 54.55% 这个年龄段的人在 24 点到次日 2 点之间入睡；其次是 18—25 岁的人，占 45.16%。有 30.09% 的人表示自己吃饭不太按时。其中，接近一半的男性能够做到按时吃饭，却有高达 70% 的女性无法做到总是按时吃饭，可能因为女性有更多减肥的诉求，对于进餐的心情总是充满纠结。

已婚人群"总是"按时吃饭的人也更多（50.00%），单身的为 31.17%。也就是说，女性和单身人群更容易出现三餐混乱的状况。

可能由于工作节奏过快，以及传说中的过午不食减肥大法，早餐和晚餐更容易不规律——61.06% 的人最不规律的是早餐，34.51% 的人最不规律的是晚饭。

饥饿感成为了一种日常体验。超过半数的人（57.51%）会经常或者时不时地，在工作学习中感到饥饿。

我们就像在使用一件物品一样使用自己的身体，这可能是这个时代给我们造成的"去人性化"的影响中，最普遍和最显著的一种。

照顾好自己的日常生活和身体，看起来应当是一件自然而然、非常简单的事，却成为当下无数年轻人的挑战，这究竟是为什么？

身心一体，我们来聊聊造成这种现象的精神性因素以及解决它的心理途径。

2

从根本上而言，失去了"心—身"之间的连接，是造成这一系列问题的根源所在。

什么叫作失去了"心—身"之间的连接呢？

简单来说，就是你的心灵/头脑，与你的身体无法沟通了。你身体的感受无法被你自己的头脑理解。你的身体和心灵在割裂地运转。

比如说，长期饮食不规律的人，频繁减肥导致身体分泌饥饿素的紊乱，会失去感受"饥饱"的能力。我们无法及时、准确地解读自己身体的感受。无论是累、饿、渴或者困。明明很累了却不觉得，明明饿了、渴了却没意识到，明明很困了却很亢奋——这些都是身心失联的表现。

在这种状况下，我们与身体之间的关系是彼此隔绝，乃至于敌对的。只有等到身体尖叫、给出了极端反应的时候，我们才注意到它的存在。往往这时，身体的损伤已经发生了。

那么，又是什么造成了我们身心分离的局面呢？

a. 我们生活在一个"去人化"（dehumanization）的社会

这是个高效运转的消费主义社会。"去人化"是一种流行的存在状态。什么是去人化？去人化指的是我们变得更不像人了，我们的人的属性降低了。

如果你审视正发生在我们身边的生活，你会发现如今我们更少感知真切的私人的情感，更多把自己当作工具式的齿轮，投入高效的生产性的运转。我们所追求的生活也是被高度标签化的——用什么、吃什么、自己的身体应该努力变成什么样子。

在这样的环境中，我们越来越少从内心生发出想法、欲望、感受，越来越多被植入、规训。我们不再知道自己需要和想要什么。

此外，丰富的电子娱乐比如手机游戏、电视剧等等，进一步让我们的大脑始终充斥在对刺激的渴求中。我们的头脑始终兴奋，这种兴奋凌驾在身体感受之上——从而更让身体的表达弱不可闻。

b. 入侵性的内在认同

精神分析师唐纳德·梅尔泽在他的发言《幽闭监牢：关于看世界的视角的投射性意象》(*The Claustrum: A Projective Identification View of the World*) 中提到：

"我们中的一些人，与其说是活在外在世界中，不如说是活在内在世界里。他们感知到的外在世界，是内在世界向外的投影。"

之所以形成这样身心分离的状态，与我们如何被抚养长大有关。

如果从未有人教育过我们如何自我照料，只是教我们不断去追逐更强大的头脑，接受遵守纪律的教育。例如一些在寄宿学校和无人照顾的环境中长大的孩子，长大后仍然不会明白什么是"好好照顾自己"。他们可能追求成就、表现优异，但他们自己仍然会如同儿时的环境一样忽视自身的感受。

如果去看这些人居住的房屋，你可能看到大片的混乱和垃圾。

这也是他们内心状态的外在表现。

他们与自身的关系甚至可以说是虐待式的,只不过他们意识不到自己在虐待自己罢了。

混乱的进食、吃夜宵,不规律的睡眠时间,难以走出屋子的死宅,满不在乎地节食减肥只为把身体塞进最小号的服装里,无不是自我虐待的表现。他们不懂如何珍惜自己和善待自己,只因为他们对自身并没有一种温柔的心境——因为他们不曾被那样好好对待过。

他们以为自己可以残暴地驱使生活和身体为自己所用。

他们可能具备多种技能,或者呈现出高度的自律,但他们从来没有学会过"如何好好照顾自己"这件事,也不懂"善待自己"真实的含义。

这是因为他们早年的成长环境入侵了他们的内心,成为他们无法自控的强迫性的自我认同。他们严苛对待自己,或者漫不经心地对待自己的方式,正是来自童年的环境。

3

总结一下前文,我们可以看到,是这样一群人特别不懂得如何照顾自己:

在成长的早期,他们或者没有得到良好的照料,或者被告知生活的料理是不重要的,他们应当片面地追求头脑的发展;他们或者始终活在混乱中,或者从外界内化了一套有虐待性的秩序,这种秩序隔绝他们与自身的感受，令他们长期忽视自我的感受和声音。

在成年后，他们的生活往往忙碌，令他们超负荷地运转，经常有顾此失彼、注意力短缺的感受。

同时他们的生活中充满了刺激，令他们的头脑常常处在兴奋中。他们的注意力是涣散的，作息是紧张和混乱的，时饱时饥，经常感到无缘由的疲惫或者身体上的不适。

这些人不懂如何善待自己。以这种状态生活，最终会出现失衡，遭到生活的反噬。

那要如何改善这种状况？最重要的就是重建身心之间的连接。

恢复身心之间的连接，最终的目标是达到身心之间的共时性，身体的感受能在发生的当下就被头脑捕捉到并且精确解读，从而发出符合身体需求的行为指令。

身心隔绝，更有利于人们只靠头脑生活，用理性武装自己的脆弱和恐惧。这种身心失联，为逃避我们最为恐惧的东西提供了空间。逃避并不可耻且有用，但身心假使能够一致，你也能更深地了解自己，从而明白如何善待自己，并能做出真正是对你好的决定。

好多年前红过的一本流行小说《美食，祈祷，恋爱》里，女主多年信赖的婚姻轰然崩溃，陷入绝境之后，她跟自己说的是，要"踏着婴儿般的小步伐"（take baby-steps）去慢慢变好。我特别喜欢"婴儿般的小步伐"（baby-steps）这个意象，这个意象也特别适合身心失联的人。

假如你希望重建身心之间的连接，你也需要从"婴儿般的小步伐"开始。你要学会刻意倾听自己的身体发出来的讯息：此时我的感受是什么？是饿还是渴？我累了吗？我想休息吗？我身体里有什么感觉？有疼痛吗？

这些看起来十分简单的问题，并没有那么容易解答。一开始你可能需要花费挺长时间去感受和体会。在这里想为大家介绍"正念生活"这个概念，它倡导人们在生活的每一刻，都把全部的思维和注意力，全盘投入在此时此地、此情此景，来减少因为放不下过去和担忧未来造成的煎熬痛苦。

身体，就是我们活在当下的最重要的媒介。我们的思维可能前往过去和未来，但身体永远只在当下。

正念也是从把全部的注意力放在身体感受上开始的，要求我们放下批判，全然接纳自己的全部感受、想法。我在此刻发生了，我就接纳和允许这种发生。因此它能改变一个人和自我之间的关系——你学会接受真实和全部的自己。

一个正念生活的人，首先会更全然地感知到生活的种种滋味。其次，长期的刻意练习会把我们的身心训练得高度一致。你知道身体和头脑的整体才是你自己。

当你正念生活的时候，你就能够感知到每一刻你的最真实的需求，然后你会动用你全部的智能和直觉，判断自己能否满足它、应当以何种方式去满足。

此时，你就变成了一个自我观照和自我照料的人。你像一个照料者一样，随时理解自己的需求，并尽最大的能力满足好这些需求。你就与自己之间达成了一种善待的关系。

知易行难,愿我们都能慢慢学着和自己相处,学着聆听自己的身体和内心,学着照料自己,与生活之间达成一种合作的关系。

一种新的"存在"可能：
没有过去，也没有未来

1

第一次接触正念是 2013 年在纽约。当时我不太能够理解这种技术。老师拿来一些葡萄干给我们吃，让我们像从来没有见过这种食物、仿佛是第一次吃到这种食物一样，仔细品尝这颗葡萄干。

或者，让我们在屋子里行走，全神贯注地感受脚和大地之间的分离和接触。

或者，让我们躺在地上，全力操纵着自己的注意力，依次感受身体各个部位的每一种细小的感觉。

最简单的，就是练习把头脑放空，把全部注意力集中在呼吸上，感受到空气从鼻腔进入，然后带来胸腔和腹部的身体变化，继而是呼出的一系列过程。

刚开始练习时，我对正念的全部感受只有"无聊"二字可以形容。毕竟对于一个习惯了每时每刻都有无数信息在输入的小孩子来说，这种活动实在是过于乏味，以至于难以忍受。

让我坚持下来的原因有两点：第一是课业的要求，第二则是我很快发现了呼吸练习的实际作用。

那时我在海外求学，一方面是课业的压力，一方面由于临床精神卫生专业培训的特殊性，我经常接触到可以用黑暗来形容的个案和家庭，我经常会感到焦虑。而如果在感到焦虑的时候引入几个简单的呼吸练习，我的心境往往可以很快得到平复。是正念练习实用的功效，使得它留在了我的生活中。

后来我陆陆续续又因为种种原因，在世界各地接触到了更多的正念练习，到如今，我才认为自己对它有了一些更多的理解。

2

可能很多人都听说过，"正念"的英文叫 mindfulness，它是广义的冥想技术中，没有太多宗教含义，而最结构化、最得到了神经科学等实证研究支持的技术。你可以简单理解为，这是得到了科学检验、脱离了宗教的一种冥想技术。

这样说又是过于教条和乏味的。不妨让我们换一种说法：

正念带来的是一种不同的"存在"状态，也有一套自成体系的人生哲学蕴含其中。

正念首先是关于时间的。多年的生活经验让我们相信历史和未来。如果有一个人告诉你,其实过去和未来都是不存在的,时间是人类构造出来的一个概念,你会不会觉得这个人脱离客观事实,违背科学真理,在故弄玄虚、哗众取宠?

但这正是正念的其中一条哲学观点:我们的"存在"实际上只在此刻,我所能感知到的只有"此刻",其余的记忆、计划,本质都是虚幻的,是此刻的自己头脑中的概念。

但人们大部分的不快乐,却都起源于过去和未来:无法接受过去、不断担忧未来。

如果一个人能够把注意力更多的只集中在此刻,它无法阻碍坏事的发生,也无法阻碍你在坏事发生的那一刻会感到痛苦。但它能够让你不把自己纠缠于痛苦中。这就是一句很有名的英文鸡汤说的:Pain is inevitable. Suffering is optional.(痛苦难以避免,但持续地受苦未必。)一个人如果能够做到极少担忧尚未发生的事,也极少抵抗已经发生的事,Ta 所感受到的痛苦一定会减少很多。

但不对抗过去、不担忧未来,说起来容易,做起来难。人类天然的状态就是为过去耿耿于怀,为未来惴惴不安。正念,就是一套训练思维的技术,它帮助我们习得"不在过去也不在未来,只在当下"的心智状态。

所以很多正念的练习都涉及对自己身体的感知:因为我们的思维可以穿越时间,我们的身体却只能存在于当下,当我们的注意力放在身体上的时候,它就会牵着我们的思维回到当下。通过这种练习,我们会越来越习惯于或有能力让自己的思维留在当下。

当然这个过程中我们还会收获一些额外的收益,比如,你的注意力会变得更听话,你能够在同样的时间里比别人注意到更多的东西。

3

正念也是关于"无知"的。

正念是一种帮助人们始终保持无知的思维练习。另一句很出名的英文鸡汤是:Stay foolish.(保持无知。)有人可能会觉得很奇怪,为什么要保持住一种"愚蠢"的状态呢?或者说,人为什么要训练自己的思维,保持无知呢?

因为往往限制我们的,是我们自以为的那些"已知",尤其是"已知"中让我们觉得是"毋庸置疑"的那些东西。

对他人的偏见,阻碍我们和他人发生连接。

对自身的偏见,阻碍我们探索自身的潜能。

习以为常、自己都感受不到的自动化的情绪、思维反应模式,塑造了我们不断重复的命运,同时进一步加深了我们对于自身和世界的偏见。

我至今记得第一节正念课上,老师说,我们每个人的头脑就像一片洁净的雪地。一开始雪地上并没有道路,是我们经常走的路径,会令雪融化,形成一条雪地上的道路来。而之后,也更多引导我们反复往那条路上走去。慢慢地，我们认为"这就是那条理所当然的道路"。

她所说的雪地上的道路，就是我们习以为常的一些思维、情感、行为决策的反应模式。这种已经自动化了，甚至难以被我们自身觉察的反应模式，让我们意识不到原来还有其他很多方向和路径的存在。

保持无知，就是保持可能性；就是保持真实地认知一个事物，而不是先入为主地评判它；就是保持自己对新事物的吸收能力；就是保持自己不被自身劫持。

正念中的一个重要的练习，叫做"无知的头脑"（beginner's mind），文章一开始提到的吃葡萄干练习，就是帮助人体验一种"全新的头脑状态"。忘记自己知道，忘记习以为常，最终让这种无知的状态，成为我们的惯性。

4

同时，正念大量涉及，让我们张开一只心灵之眼，观察自己的内在世界。你要学会像一个旁观者那样，看到你的内在世界中，升起了哪些感受、想法，你只需要真实地看见这些感受和想法的升起和消失，不去想"我该不该有这些感受和想法"，或者"这些感受和想法意味着什么"。

在这里给大家介绍第三句英文鸡汤，说的是，You are not

your emotion. You are not your thoughts. You are beyond that. 什么意思？它说的就是，我们并不是和我们的情绪、想法浑然一体的。我们是比自己的情绪和想法更高的存在，所以我们实际上和它们之间可以有一个观察者的距离。我们能够观察到它们的发生，同时能够选择自己要不要对这些情绪想法做出回应，或者将它们付诸实践。

人们很多时候都会被自己的感受和想法绑架，Ta 一定不爱我了；我很愤怒；我不讨人喜欢，等等。当我们感受到这些情绪、想法的时候，我们无力与它们对抗，而完全被它们主宰，做出一系列的行动和决定。这些行动和决定往往会让情况变得更糟，或者（在一些时候）它们才是真正导致情况变糟的原因。

正念让我们有能力不被自己的情绪和想法劫持。如果说前面说到的"无知"的思维状态，让我们能够和自己既往的固定化反应模式"解绑"，这种向内自我观察的心灵之眼，则能够让我们有能力重新选择让自己做出什么样的应对。

当然，这种观察本身，也在让我们练习放下对各种情绪、想法的偏见。我们很多时候拒绝承认自己的一些感受、想法。通过正念练习，我们能够更宽容地看到自己，从而看到更多、更完整的关于自己的信息。慢慢地，我们能够更深入和完整地，理解自己在各种处境中真实的内在状态，从而在更完善的信息中为自己做出更好的决定。

同时，我们也更少地会因为"与自己的不断作战"而产生痛苦。

5

慢慢地我发现,对正念的理解加深,改变了我的"存在"状态。

思维就像肌肉一样,它被训练后,会产生自己的惯性。我如今远远比过去更少感知到过去和未来,我深切地感受到唯有此时此地是有价值的、是充满意义的。我的思维绝大部分时候都停留在此时此地,所以我能够更充沛地感知到每一刻的存在。

自我觉察：通往自由之路

Happiness is a skill that everyone can develop.

幸福是一种人人都可以习得的技能。

1

这个世界上，绝大部分我们以为和别人有关的事，其实都和别人没有关系——只和自己向他人做出的投射与解读有关，而这些投射和解读又往往出自我们的心魔。

大部分人都有心魔，被心魔掌控。成年以后，我们解读世界和他人的角度已经有了很多固定的模式。因为这些固定的思维模式存在，我们会对事件和他人作出固定的情绪和行为反应。

"Ta一不回我消息我就恐慌。当 Ta 略有冷淡时，我更无法控制自己，要做出一些激烈的反应，主动断绝和对方的联系。"

"他们不重视我的意见，我非常愤怒，几乎控制不住自己想把他们一个个全都打倒。"

"我一看到比我好的人和事就充满怀疑,我不相信他们是真的。"

"父亲一唠叨我就想原地爆炸,他从来都觉得自己是对的,我也控制不住自己骂人、砸东西。"

……

是形形色色的心魔。一旦当某种条件出现的时候,我们难以自控。即使明知道自己的反应不是最好的,却仿佛开启了自动驾驶模式,无法控制自己不作出过激的反应——就如同被劫持了一般,让自己深陷痛苦。

绝大部分的人,根本意识不到自己被心魔劫持,还真的全然相信是情境和他人令自己痛苦;那略微开悟的人,能够发现自己在某些特定的刺激下、有一种重复出现的冲动,能够意识到心魔的存在,只是并不知道如何与之对抗,或者从中解脱。

一种更为自由的存在状态,则是能够总是自主、自我决定地选择自身对事件的反应:情绪反应、行为反应等等。用更通俗的话来说,是能够自控,并且理性地选择自己真正最想要的东西。

那个在盛怒的状态下断绝了与恋人之间关系的人,最想要的是彼此能够相爱与信赖。那个理性上渴望持久稳定的平凡小生活的人,实际上可能难以忍受没有戏剧的平淡日常,忍不住要作些问题出来。

当自动化的反应模式被激发,这个人就仿佛失去了自身最有能力、最理性的一面,没有能力做出好的行动。而当人们被那种情绪状态劫持的时候,他们存在的状态就是不够自由的。

所谓通往自由之路,其中一个方面,就是从"强迫性"(的自动化反应模式）走向"自主性"（有能力且自主选择自己的反应模式）。

心魔恐怕总是会存在的，只是那时你已经从它的全然掌控中挣脱。

2

我以前不明白，更加自由之后，我们可能在一些情境中仍然会做出一样的选择：仍然选择离开、不原谅，或者对抗等等。但我们这样做的时候，我们感受到的情绪只是一种信息，这种信息告诉我们许多关于我们自身的事情，但我不是被情绪劫持，更不为情绪煎熬痛苦。那是更加冷静、平静的状态，目的是使自身没有煎熬。

有一些人声称愿意活在痛苦中，痛苦使他们保持精进。他们一方面自我感动，一方面却是并不真正热爱自己的缘故。假使他们能有机会好好为人所爱，并有机会体验一种更幸福的生活，他们会知道自己值得，也渴望度过更幸福的人生。

我想轻轻拥抱他们然后和他们说，你们不是喜欢痛苦，只是习惯了痛苦。

3

如何能够从心魔的掌控中挣脱？

我们的工具和道路就是提升自我觉察。自我觉察，指的是一个人对自己的内在世界的了解。一个人能够理解自己的内在世界中升起什么样的感受、自己的价值取向、偏好等等。自我觉察是我们能够看见自身真相的能力。

练习（Practise）的另一大目的，就是提升这种自我觉察。

提升自我觉察当然不容易。既然自我觉察是一个人能够看见自身真相的能力，第一步就需要你有极大的勇气：因为你必须愿意看见自身的真相。有很大的概率，你的真相并不如你期许中理想。它充满局限，能力有缺，有时阴暗，并不出类拔萃，也并非是"被选中"，不符合你对自身的种种幻想。如果你对自身没有足够的慈悲，也没有充满智慧地早已明白你就如同每一个人一样平凡普通，看见这样的自己想必令人痛苦不堪。

而你可能也还不懂，真实地看见自己的这个动作，就说明了，或者说是因为你本身已经是个足够可爱的人。

有了勇气之余，第二步，你需要放下对是非好坏的执念。你的执念若太深，会下意识避开看见自己身上的"不够好"，或者在自己身上看见"更好"的幻象，此时我们就会把"不好"投射到他人身上去看见。大脑中自我欺骗的机制埋藏得这样深，以至于我们往往难以觉察。所以你要学会平等地看待每一个念头，每一种感受。它们只是出现了，并不代表关于你的任何真相，也不决定你的任何价值。

当你能够做到这一步的时候，你就开始能够看见一些你自己了。

第三步，你要承认屈辱，接受屈辱。在我看来，屈辱某种程度上是一种相当正面的经历，它让你学会对生活的臣服。我们积极地生活，但人世间总有我们无法实现的事，总有不尽如人意的安排。否认屈辱让你沉浸在幻象中，接受屈辱则可以让煎熬停止，并最终让屈辱留在身后。

当你可以做到这三点的时候，你已经是一个不一样的人，此时你重新看见自己，你开始理解你的心魔。同时，由于你已经有了很多观看自己的情绪、感受、想法的经历，你把它们当作对象来观察的过程使得你和它们之间有了一段距离。

正是这段距离，让你得以不再会在它们一出现的时候就被它们劫持，而有了一个可以转身、可以选择的空间和可能。

（我心中有一种智慧可爱的人，他们既冷酷又慈悲。冷酷是因为他们已然看破，并不做戏，也不讨好他人，总是口吐真相，往往刺痛他人，因而显得冷酷。慈悲则是他们对他人真正的福祉和更加幸福的可能仍然充满关怀。）

4

人的心智是很容易被劫持的。

我们在乎外界对自身的评价，因而会误以为自己想要一些东西，某些工作、学历、社会身份，未必是自己真正想要和需要的东西。

我们恐惧直面自身的局限，因而认为自己不想要，甚至厌弃一些东西。

（此处会有很多人开始指责这个时代、社会、意见领袖和新媒体。这一切的确都是挑战。但本质上，世界是中性的。你如果有清明的心智，能够知道自己究竟需要什么，外界的一切便都只是供君选择的选项而已。人人都有自己的立场，你清楚你自己的，然后去获得你想要的。）

把成为一个更自由的人作为人生目标，是很有趣的。你小心地观看自己，把外界的声音容纳下来，有选择地处理和应对它们。你始终保持在一个清明平静的状态中，你始终知道自己是谁、自己真正想做的选择是什么、始终按照"自己的"心意作出应对和决策。

这当然很难，却是很值得走的一段路。所谓的"活出最大限度的生命"（live a life to the fullest），在我看来既不是取得尽可能多的成就，也不是尝试尽可能多的自己人生的可能，而是尽可能地"真正是由自己度过自己的一生"。

而这件事你甚至不用对别人说，因为这最终只是你和你自己之间的事。

PART 1 觉察

你离美好生活，
只差一个自我觉察的距离

1

前几年我还维持着临床工作的时候，见到过一些令人印象深刻的来访者。为了保护隐私，我在这里讲述的个案情况是虚拟的，但请大家像看一个真实的故事一样，仔细阅读这个案例的情况。

这位来访者是一个壮年期的男性，即将去另一个国家生活，到那个国家之后，他将会停止和我的咨询关系，开始与当地一位咨询师会面、工作。我们已经做好了计划，将在他到达之后，安排我与他新一任咨询师联系，完成个案转介的工作。

在此之前，我和他已经维持每周一次的见面半年多了。他给我的印象是十分具有距离感的一个人。他自己主要的咨询问题，也是没有办法拥有亲密关系。虽然已经工作半年多了，他依然给我留下非常疏离的印象，每次见面，他都维持着尽可能少的表情，以及让我们之间的关系尽可能的官方。

但就在他即将离开的两周前的一次会面中,他忽然展现出非常热切的一面。他表示他爱上了我,并极力赞美我。并且他反复告诉我,自己因为即将到来的分离感到苦不堪言。

心理咨询师和来访者之间是不允许发生私人关系的,不能做朋友,更不能做恋人,这是对双方的一种保护,也是严格的伦理要求。但是,在咨询过程中,来访者感到自己爱上了咨询师却非常常见,这是一种被我们称为移情的现象,也是很好的治疗时机。

当这位来访者忽然表现出对我的强烈依恋时,我意识到这是他的一个行为模式。我跟他说,有没有可能,是即将分离这件事,让你觉得你爱上了我。你有没有发现,一直以来你好像只会"爱上"明确能够看到分离的人。转学前爱上的同班同学,让你一直无法忘怀;换工作前忽然对同事动心。

有没有一种可能是,你不能、不愿意爱上可能一直在身边的人,只有在分离时,你才允许自己感受到依恋。

故事中的这位男性觉得自己"无法拥有亲密关系",过于强烈的孤独感让他痛苦,以至于他会寻求心理咨询的帮助。他觉得自己很想要不一样的东西,想要改变,想要亲密关系。但实际上,是一种固定的心理模式控制住了他。我们很多人的心中都有一些固定的心理模式,限制着我们。就像我们自己给自己施加的一个诅咒,但我们又已经忘记了它。

2

精神分析学说是心理治疗领域无法回避的一种学说。而它提出的最重要的假设之一，就是人有一些自己意识不到的潜意识存在。这些潜意识作用于我们的头脑和心智中，给我们造成隐秘而深远的影响。

这些潜意识，以及我们长久以来形成的固定的思维、行为模式，就像行走在当下这个时空中的憧憧鬼影。它们缠绕着我们，在我们身上时隐时现，让我们没有办法从当下的自己需要什么、想要什么出发来作决定。始终是那些已经过去的情感和愿望在操控着我们。

在这种情况下，我们会发现一种非常特别的现象：你和那个最能够伤害你的人，在茫茫人海中一眼识别出了对方，感受到了强烈的吸引。每个人都有回到熟悉的行为模式中去的欲望，如果你们之间的模式相匹配，你们就会感受到彼此的吸引——即便这种吸引可能会被体会成负面的情绪感受，比如特别容易被一个人激怒等。

以前有个心理学家说，如果你特别讨厌一个人，一定是因为你在他身上看到了自己身上也具有的某些东西。这句话我觉得还不够准确，应该是如果你特别喜欢或特别讨厌一个人，一定是因为他能激发你身上某种固有的模式和情绪。

某种程度上，可以理解为我们每个人的身上都有一个钩子，我们一边在人间行走，一边钩住那些和我们模式匹配的人。越是受过伤的人，钩子越明显。所以有很多在创伤中长大的人，他们明知哪些人对他们好，却无法控制地感到这些人无聊、没有吸引力，难以让他们集中注意力。

美好生活的第一步，就是认识到"钩子"的存在，而认识的过程，本身也就是把它从身上解下来。这个过程，在我们的专业的语言中被叫作"自我觉察"。

说到这里，就要开始说到"自我觉察"的风险了。我在以往的工作和生活中，也见到过一些致力于自我觉察的人。他们投入了很大的精力思考自己。我们不能不承认他们想要自我认识的心愿是强烈的。但很多时候，人们自以为的自我觉察的过程，恰恰是在自己的身上写下更多的故事。

还记得以前学习的时候，有一位临床的教授曾经和我说，你要注意，每个走进你的咨询室的人，都是携带着故事而来。他们早已写好了自己的剧本，而你要有能力看到那个故事的存在，并且不去扮演他们为你写好的那个角色。

问一句"为什么"很容易，回答这些"为什么"也很容易。对自己诚实并不是一件人人都能做到的事。相反它非常困难。你可以尝试在一个时间与自己静坐，让头脑中所有的声音安静下来，放弃所有关于是非对错的执着，只是去看见你自己。你的光明的许多面，你的阴暗的许多面。他们不分高下地组成了你，是你完全同样珍贵的部分。

如果你问我对自己诚实有哪些技巧，我会说，关注你生活中一定会发生的两件事。

第一件是失望。在长期的心理咨询的过程中，尤其是在以精神分析、精神动力为主导的心理咨询的过程中，处理失望可以说是一件必定会面临的任务。我们会对心理咨询师产生多种多样的失望，比如发现他不是万能的，他会误解你，发现他会满足不了你的需求，发现他像一个正常人一样会犯错。这种失望产生的过程，可以说就像我们会对生活产生的失望一样。

我迄今为止看到过的关于失望最好的一个描述，是仁波切写的一句话。他说，失望是一个智慧发生的时刻，因为失望只会发生在我们和真相相遇的时刻。可以说，一个人产生失望的过程，就是他不断认识这个世界的真相的过程。而人生很大一部分的痛苦，都是来自拒绝接受失望。

失望是我偏爱的情绪。因为此时你不但刺破了幻象，同时也有通往宁静的道路向你敞开。

第二件事则是得不到。我们常常见到求而不得的人。得不到会给人制造大量的情绪：愤怒、嫉妒、仇恨。在早几年的时候我有过一个顿悟的时刻。我曾经以为上天惩罚人的方式，是给他们远远少于他们所值得的东西。但后来我意识到，上天另外有一种惩罚人的方式，是通过给他们远远多于他们所值得的东西。因为，人其实不是通过得到学会满足的。人恰恰是通过得不到，才理解所拥有的是多么侥幸和珍贵。得不到同样是我们面对真相的时刻，在这个时刻中，它同时也在教我们关于幸福的秘诀。

一个人如果能够建立起自我觉察，能够把自己从潜意识的心理模式中解放出来,他距离美好生活也就不远了。

3

另外,有时候"希望"会成为最束缚我们的东西。一方面,是怀着对于美好生活的希望,我们才奋力前行。但我们同时也要意识到,很多时候我们都不是自己欲望的主人。我们的欲望早已经被社会规训。

社会通过各种各样的方式,给我们描述了一张统一的、关于美好生活的蓝图。在这个蓝图中,有特定的消费方式、家庭结构、生命历史的重大时间节点,等等。我们坚信,只要我们能够不断地向这张蓝图靠近,我们就一定能获得幸福。这就等同于我们相信每天少吃的一口垃圾食品,一定会在未来积累成某种有意义的结果。

这张蓝图对于社会来说无疑是有意义的。它具有多种社会功能,包括保证了生殖的秩序、保证了生产力的不断延续,等等。但当它把一种蓝图定义为"幸福"时,它同时已经剥夺了很多人幸福的资格。离异者、底层劳工、性少数者,等等。他们是永远不能进入到美好生活中的边缘者。

最终,这张蓝图成为我们每一个人的双输困境。后现代主义哲学家劳伦·贝兰特在论述这个问题时经常举一个丈夫出轨的例子。一个丈夫出轨的妻子,面对不幸的婚姻为何仍然无法作出离开的决定?因为此时她面对的就是一个双输困境。离异不是社会规定的美好生活蓝图中的选项,她害怕离异的自己,俨然已经丧失了美好生活最基本的入场券。我们没有人可以保证,类似的双输困境不会有一天降临在我们自己头上。

在这个问题的解决上,贝兰特以及其他酷儿理论哲学家们,都提出了一个相似的建议。我把它总结为参差多元乃幸福本源。酷儿理论者经常被攻击为解构了一切而没有任何建设,因为他们基本上反对人们能够想到的所有事。但我想他们想要表达的,可能无外乎,让一切可能的自由选择都变成正当的。

我们每个人都值得一种可以自由选择的人生。无论这种选择是我伴侣的性别,是我赚取收入的方式,是我是否愿意抚养后代,等等。同时,选择平凡,也应当成为和选择出众一样正当而令人骄傲的事。因为无论哪一种选择,最终都能够走出一条正直忠实的人性之路。

PART 2
爱

人为什么需要谈恋爱:
"5 种类型的爱,只有 1 种是好的"

1

前几天,媒体部的同事给我递了两个读者的提问。

其中一个写的是:"为什么要谈恋爱?怀疑恋爱的必要性,觉得找一般的朋友都可以满足各种陪伴的需求,两个人在一起也没什么意思。"

另外一个提问是:"自从过了 30 岁,我就不想再确立一对一深度的亲密关系了。没有一个男生在我看来是完美的,反而是从不同的约会对象身上,我能够获得不同方面的需求满足。他们各自有自己的长板和优势,我就把自己的需求拆分开。这样浅浅的关系反而更美好。我并不隐瞒自己有多个约会对象的事实,确保每个和我约会的男生都知情同意,是他们能够接受的。不知道你对我这种实验性的生活方式有什么评价?"

首先想回复第二个提问的朋友,我非常欣赏你在关系中对知情同意的使用。两个成年人之间你情我愿的关系，只要是知情同意、不伤害到第三方的，均是一种形式的自由。

但我并不认为这种实验性的生活方式，能够真正意义上替代亲密关系在人的生命中对人起到的影响和作用。用媒体部某位同事的话来说，"我总觉得这样的说法，把关系过于功利化了。"

我们就来聊一聊"人为什么需要亲密关系"这件事。

2

事实上，这两个提问的朋友，都在一定程度上、自知不自知地异化了关系。

"异化"一词源于拉丁文 alienatio，有疏远、分离、精神错乱等意。在西方中世纪，"异化"最早指人的精神错乱、精神死亡。异化的内涵，是让"非人"的东西凌驾于"人"之上，让人与他自身分离，让人与他人分离。

对于人的异化讨论得最多的哲学家是马克思，但他并不是唯一。法国哲学家列斐伏尔提出了"全面异化"的理论，他所谓的异化不仅局限于政治、经济等宏大的方面，还体现在娱乐、家庭、邻里关系、两性关系等日常生活之中，甚至连人自身也变成了东西和物。

社会心理学家弗洛姆是马克思的信徒，他说："在现代，人与人的关系是一种僵硬的、毫无情感的相互利用的关系。"

这两个提问中，两个提问者都把亲密关系看成"满足自身需求的方式"。所以他们思考自己是否需要亲密关系的角度，是"有其他方式可以满足，甚至更好地满足这些需求"。在这样的视角中，关系的功能性是片面且僵死的，容易替代的。但真实的人性的需求则是更为复杂的。

3

亲密关系对于人来说，首先的确是可以满足一系列片面的需求。比如打发时间的需求、互相陪伴和支持的需求、性的需求，甚至是经济的需求等。

但我们从亲密关系中能够获得的东西，其实还远比这些更多。

亲密关系是人的精神世界的外显。在一段足够触动我们心弦，足够深入我们的欲望深处的亲密关系中，我们人格中的斑斑劣迹都会被最大程度地激活。

你可以认为亲密关系是一条通往我们内心最黑暗处的道路。在亲密关系中，你试图遗忘的会被记起，努力掩盖的会被彰显，竭力控制的会失控和反噬。

因此，对于那些对自我的了解还不多、对自身的控制力还不高的人来说，每每进入亲密关系，就如同一艘在海上航行的船驶入了黑色漩涡。在漩涡中，我们不断重复自己的模式，继而重复旧日的创痛。

这听起来不是什么美好的事情。但正是因为亲密关系的这种机制，它也成为了我们人格疗愈的一种最为重要的契机。

随着我们对自身了解的增多，随着我们对自身控制力的增强，我们开始能够理解在黑色漩涡中究竟发生了什么，以及正发生着什么。此时，有了更多的内在资源的我们，人格已经有了更高的灵活性，也已经有了更好的情绪承受力。这个时候，再次进入亲密关系的我们，得到了一个在关系中观察自己、调整自己、放下过去的机会。也许我们仍然会感到痛苦，但我们的自我不再会由于这种痛苦而破碎。

继而，假如你的运气足够好，你会遇到一个更健康、人格水平更好的伴侣。Ta 向你示范情感、情绪、思维模式的其他可能性。Ta 让你相信过去不相信的，理解过去不理解的。亲密关系就成了你人格成长的重要契机。

但这一切的前提，都是你给自己机会，进入到一段深入的亲密关系里。文首两位朋友的提问中提到的、隔绝深度亲密关系的生活方式，其实也使他们远离了他们自身，少了一个面对自己的重要机会。

4

什么才是真爱，在弗洛姆看来：

"真正的爱植根于生产型的爱之中，它能增强人们爱的能力和为他人奉献一切的能力。"

那什么是生产型的爱呢?弗洛姆把人的社会性格分为非生产型和生产型两大类。

在这个框架下,非生产型的爱又可以分为四种:

- 接受型的爱。这种爱以不断地接受和忍受为表现,有受虐的属性,缺乏自我和主动性。
- 剥削型的爱。这种人内心深处常常伴有怀疑、嫉妒、虚伪,他们的爱有施虐的属性,靠力量和狡诈从他人处强夺而来。
- 囤积型的爱。这种人对外界的一切没有信心,害怕亲密,认为只有独处的占有是最安全的。
- 市场型的爱。这种人把自己和他人都看成可交易的商品,确定自己的价值,也评估他人的价值,然后寻求成交。

前文中两个读者的提问,透露出囤积型和市场型的色彩。

而生产型的爱,是积极的、灵活的、有创造性的,你能够主动地为对方付出,也灵活地坚持自己的诉求。你能够在一些时候把对方的需求放在自己之前,也能够拒绝对方不合理的要求。你们不被僵化的标准束缚,而是创造性地寻找你们之间关系的答案。

"一个真正懂得爱的人通过自己对一个具体对象的爱而显示出对整个世界的爱。它不是一种征服人的热情,也不是一种感动人的影响力。它具有关心、责任、尊重、认识等基本要素。爱是一门艺术,爱可以把他人、社会、自然结合起来,同时又把人从(存在的)孤独中解救出来。"

一个真正懂得爱的人,必然是一个有能力爱世界的人。Ta 感受到自己不是被动地接受着自己的命运，而是在世界中主动地创造着自己存在的意义。尚没有能力爱这个世界、在这个世界里做主动的创造者的人，往往也还不能给出真正的爱。

存在是孤独的。每个人都与这种存在式的孤独共处，感同身受并不存在。没有一种名义上的关系，或者肉身上的在一起，能够对抗这种存在式的孤独。只有深度的、真实的关系，哪怕这种关系中充满了冲突和暗涌，才能够一定程度上让你感到存在的意义。

因此我还是希望，正在读这篇文章的你，有勇气去进入一段深入的关系，有勇气在关系中面对真实的他人和自己。

Ta 对我是占有欲还是真的喜欢？

1

我曾经写过一段话：

"这个世界上有很多种喜欢是我无法穷尽罗列的，但至少有两种我可以说清。有一种喜欢，更多关于自身的欲望和需要，例如喜欢吃一种食物，喜欢一个设计师的衣服。还有一种喜欢，更多地关心对方的感受和利益。这两种喜欢都是真实的，却不都是平等的。而你需要的喜欢一定是平等的。"

当时有很多朋友说没有很理解这段话的意思。其实，我想说的是，"喜欢"这个词所包含的感情是一个阈值很广的谱（spectrum）。在很多种不同的心情下，我们都会使用"喜欢"这个词。

这件事其实挺可怕。

因为当两个人在互相告白说"我喜欢你""我也喜欢你"的时候，他们在谈论的可能是截然不同的心情，也会把这种心情表现为截然不同的形式。你们以为达成了共识，实际上却是天差地别。

而在这个无比宽广的谱系中,却有一个明确带来质变的点,在这个点的左右,喜欢至少可以被它分成两类。

第一种类别的喜欢,是因为我们所喜欢的对象,是我们某种欲望所指的对象,我们在这种喜欢中,本质上渴望的是自身需求的满足。这种喜欢可以发生在人和物之间,也可以发生在人和其他生命体之间,也可以发生在人和人之间。不妨把这种类别的喜欢称为"自我服务导向"(self-serving criented)的喜欢。

第二种类别的喜欢,可能一样起始于自身的欲望,却不止于自身的需求。在这种喜欢的关系中,我们尊重所喜欢的那个对象的主体性。这种情境中的喜欢只能发生在人和其他生命体,或者人与人之间。我们意识到对方有独立于我们的感受,也能意识到,有时我们想要的可能会与对方想要的起冲突,也就是说我们与对方的利益可能是有冲突的。

这种类别的喜欢,能够做到当我们自身的主体性与对方的主体性产生矛盾的时候,我们能够一定程度地牺牲自己的主体性,去优先对方的主体性。简单来说,就是我们能够把对方的感受看得和自己的感受一样重要,有时为了使对方的感受好,我们愿意妥协一些自己的感受。我们也能够把对方的利益看得与自己的利益一样重要,我们不愿意为了自己的需求伤害对方的利益,我们能够为对方的利益放弃一些自己的欲望、需求,甚至自己既有的利益。不妨把它称为"自我付出导向"的喜欢。

值得注意的是,这两种类别的名称,只代表极值和方向。自我服务导向的喜欢,也可以有表现得明显或不明显;自我付出导向,也可以有付出的程度之别。但我们可以通过这种区分,去体会一种喜欢的本质。

2

之前有过一个朋友问我,如何区别男友对她是一种占有欲还是一种好的情感。我就是非常简单地告诉她,去观察他的每一个行动,他有没有能够为你的需要妥协他的需要,为你的利益放弃他的利益。此外的语言、情绪都不足以成为辨别的标准。因为自我服务导向的喜欢,在激情的层面,一样可以是十分真挚、强烈的。Ta 可能对你朝思暮想,为你茶饭不思,但这并不在这个维度上说明任何问题。激情的强弱不是这两类喜欢的区别所在。

但并不是每个人都有能力提供第二种类别的感情。爱和浪漫在心智成熟的不同阶段会表现为不同的样子。心智发展到一定阶段后,有了自省能力,才会意识到、才会理解两种喜欢之间的差别,才有能力给出第二种类别的喜欢。

也并不是说,第一种类别的喜欢,就无法带给别人愉悦。一段关系的健康与否,很大程度上取决于两个人是否平等。如果你们彼此都一样是用自我服务导向的情感喜欢着对方,你可以为了自己的利益和 Ta 据理力争,这关系也未必就不健康。只是它很难持久也很难深厚,毕竟双赢(win-win)的情境还是少数,你们无法避免会遇到希望对方妥协让步的时候。

短暂的愉悦也有它的价值。重要的是，你是否真的知道自己的状态是什么，你是否真的知道对方的状态是什么。你们之间是否真的拥有相对公平对等的地位。换位思考，你所愿意做的是否会比对方多很多。

如果你们对喜欢从根本上就有着不同的理想，对等很难。相信第二种喜欢的人，始终都会有付出的倾向，而相信第一种喜欢的人，始终都会有自利的倾向。你们都无法长期维持做一个并不是自己的人，也无法真正理解对方的心情，你们之间的关系很难让双方都感到满足。

这一点思考，希望可以帮你们辨识想要辨识的人和事。

很喜欢一个人但就是得不到，怎么办？

1

有人问："特别特别喜欢一个人，但就是得不到。对方就是不喜欢自己。我觉得自己输了。该怎么办？"

我认为这是很多人都会遭遇的、看似普通却的确非常痛苦的一种处境。

关于感情中的输赢感受，说一句"爱里没有输赢"的鸡汤很容易，但输赢的感受一定是真实的，因为关系中有权力关系存在，有权力的高下之争。平衡的关系，就是在关系中双方的权力能维持一种动态的、相对的平等，有些时候你高一点、有些时候我高一点；或者是因为双方都很考虑对方的利益，而有更高的同盟感从而削弱了权力对抗的感受。

当关系中始终感受到对方的权力凌驾于自己之上时，就会有这种输了的感受。

2

故事要从9年后,我与公子肩并肩立于贺兰山间对谈说起。

9年前他是我的初恋男友,互相都有所辜负,但到底我辜负了他。与他分开时我的心智坚定,只是在分开后,又过了好几年,我才缓缓感受到痛苦,并不是多强烈的,就是像一根尼龙绳勒在心上,偶尔隐隐作痛。也是因为这种始终隐隐存在的痛苦,让我决定去和他面对面,谈话。

9年间除了彼此另有伴侣的短暂时间以外,我们保持着联系,9年后两个人都还是单身。但见到他,相处了几天,双方却都很确定早已不是恋人的感觉了。

我想说的是那几天的沟通,改变了我对感情的很多看法。

其中有一天,我们一起吃火锅。他是西北穆斯林家庭的孩子,口味重,吃火锅惯会吃得很辣。我是南方靠海的小城长大的,吃清蒸海鲜最多,吃不了辣,吃火锅从来不吃调料,只会倒一碗醋(什么菜都可以过醋吃)。那天我们坐下,我看到他无比自然地给他自己倒了一碗醋,什么调料都没拿。看我有些惊讶,他说,这些年早就习惯了这么吃。多年之后,看到自己的习惯在离开后留在了另一个人身上,有些唏嘘感慨。

但他说这个话的态度非常坦然,是坦然地接受那是一段我们的历史,同时也坦然接受这段历史已经过去了。

我后来明白我当时的那种痛苦,名字叫作愧疚。我曾经有机会更好地对待他，但我没有这样做。我因为这种"不作为"而遗憾。我们两个人在9年后不同的状态让我意识到，当你把一段感情拉到一个足够长的时间线上，其实很多当时所谓的"输赢"就都变得不一样了。

3

他曾经无比真挚地对待过我——尽管我们都曾在年少无知时，因为世界观的冲撞给过对方许多伤害——但他也曾一心一意、毫无杂念、竭尽他所能地对待我。随着年纪越大，看见了越多的世界之后，我越能够明白这种心意的可贵，也越会因为当时自己的不懂得而觉得愧疚。

当年，我最终头也不回地离开了那段关系，他曾在一段时间里难以走出。但9年后，我是那个会回头看和牵挂的人，而他是无比坦然的——因为在当时，他能做的一切他都做了，做到了他自己的极限，就算有做错的，也是他当时诚实的局限，他尽了他最大的努力，所以他没有后悔，也没有遗憾。

这就是我在那一年明白的事情——我对关系里的输赢的理解发生了永久的转变，一年、两年不算什么，10年、20年才见真章。我想对这位提问的朋友说：

很喜欢一个人，但就是得不到。也许你会觉得很不甘心，觉得自己"输了"。

这个时候，如果询问我的建议，我会这样说：

a. 衡量你的生活境遇和身心状态，问问自己你愿意为这个人付出多少时间，在不会得到 Ta 的情况下，你愿意给 Ta 多少。

b. 在这个你愿意给出的时间期限里，不遗余力地喜欢这个人，向 Ta 表达你的喜欢，尽你最大的所能支持 Ta，不以得到回报作为目的。

不遗余力地喜欢 Ta，在你能够给出的时间期限里（要以保护好自己为前提，可以一时陷入痛苦，但不可真正毁掉自己的精神内核或整个生活）。这样做，不是为了征服对方——你在这样做时不必以"得到这个人"为目的，因为如果对方不（够）喜欢你，Ta 对你来说就一定不是对的人，你值得一个很喜欢你的伴侣——你只是在还有机会的时候，用力地对这个人好。

我们并不是一直都会有对一个人好的机会。你遇到了这个人，你有机会在 Ta 的生活中停留一段时间，对 Ta 好。这样，当这个机会窗口关闭的时候，你就会坦然。这样做，是为了当这段时光成为历史，你可以拥有一种无悔亦无憾的状态。你尽自己最大的努力、以最纯粹的心情爱过这个人，因此 9 年、10 年以后回头看时，你不会因为在有机会时没有作为而痛苦。

在漫长的时光中，最终那些爱和真诚的心意，会超越一切的输赢之争，因为对任何人来说，它都是一生少有的珍贵的事物。到了那一天，你就会明白 Ta 从来没有赢，你也从来不曾输。

4

在可以给出的时间中，竭尽全力地对 Ta 好。然后呢？

然后就到了在这种场景中最重要的一步：离开。

离开不能是为了被挽留。你的停留和离开，都只能是为了你自己。幻想用停留和离开改变他人对自己的心意都是会落空的——可能会看到一些短暂的改变，以为自己实现了目的而沾沾自喜，其实只是因为操纵了对方的情绪而已，根本的东西没有改变。

很多人有这样一种误解："Ta 什么都好，只是不那么喜欢我而已"，仿佛这样就是一个值得的伴侣。我始终认为这其中有一定程度的低自尊作祟。当然我尊重每个人不同的选择，但从我自己的角度，我始终认为只有足够相互喜欢的人，才是配得上彼此的人——是否足够喜欢自己、爱自己、愿意为自己付出，本就是一个人考虑伴侣时应该衡量的重要的标准。

因为，当你进入到一个"我很喜欢很喜欢 Ta，但 Ta 却没那么喜欢我"的处境中，一段时间后，当你发现这种局面不会自然发展和改变，你就可以知道这是一个你最终必须从中脱身的处境。过程可以很痛苦，但一定要过去。

如何离开？每个人的处境不同，我只能说，不要低估了离开的难度。预估好离开的难度，然后为此作出足够的努力。断联，甚至物理隔离都是必要的。

当这段处境成为历史的时候，你会感谢这个坚持维护了你自己的自己。

5

可能有读者会问,那后来呢?我和公子后来怎么样了?

我对于真心实意对待过我的人,都有一种发自内心的善意和祝福。而公子和我如今对彼此而言也仍是极为重要的人,只是不再是恋人。

世间关系千百万种,每个人和每个人相遇,都有机会修成一段独特的善缘,只要你们都真诚地用一份善意对待对方——是真正的善意,而不是名为善意实际会伤害到更多人的那一种。

小瞬间

不是所有的关系，
首要的目的都是在一起

1

接受对方的一切，就是爱吗？

我想讨论一下关于过度依赖和溺爱。

我之前读过一篇关于过度依赖的论文。写的是，那些在关系中感到不安全、反复需要对方确认心意的人，其实在同时，否认了自己对于双方能否建立和保持感情性的连接，与对方有着彼此相当的责任，也减少了自身能为之付出的努力。

他们好像觉得，感情性的连接能否存在和维持，只取决于对方爱不爱自己，所以他们反复询问、试探和要求。但其实，也许当对方不爱自己的那些时刻，自己也可以做出一些承担和等待。

而关于溺爱，如果不断接受对方所做的一些错误的事情，实际上也就是从未向对方示范正确的自爱和边界应该是什么样子。

有个朋友说，健康的爱应该是在被这样的 Ta 吸引的同时，鼓励、陪伴、示范对方也承担起在感情中自己的那部分责任。

2

"真正好的关系,是从认定彼此之后才开始建立的。"

第一个朋友是我的本科好友,她和男朋友在一起已经快10年,其中异国、异地的时间近6年,彼此非常稳定,始终努力把未来建设在一起。这句话是她告诉我的。

两个人都把在一起作为前提,无论如何都不会轻易动摇到这个前提——然后所有过程中的九九八十一难,都是两个人的并肩经历而已。

她跟我说,两个人需要轮流负责照顾对方。在感受到对方有压力的时候,会愿意暂时按捺自己的需求,在一段时间里承担对方,给对方力量。但这个过程一定是轮流在两个人中发生的,哪怕一方这样的时候相对多、另一方相对少。

我想到的是,如果把爱作为一种激越的心境,是比较容易的,所要做的不过抒发情绪、释放心情。但如果为了两个人能够长久幸福地在一起,很多时候需要的却是克制与长远的筹划。

我现在觉得,那种不以长久相处为目标的关系,固然也有它轻快的可取之处,但朝着"反正最后不会在一起"而彼此燃烧的关系,却有一种空虚感在其中。我感到长久的关系需要健全的人格,需要对自身情绪的掌控力,其实是不容易的。

3

第二个朋友是一位在美国的小姐姐,有天早晨她一边遛娃,一边和我聊天。她告诉我她所认为的,自己能够很平和地生活的原因。

她说,几年前你跟我说,你对世界的基本认知是悲观的。我当时跟你说,我也是悲观的。但这两年我觉得我们所谈的悲观的内涵可能有所不同。

我觉得,人是脆弱的、弱小的。每个人都是这样,人类就是这样,我也是这样。很多人的痛苦,来自他们,对自己,对他人,对生活,有太多的所求。做不到、得不到,就产生不甘、不满足、自责、自我贬低,自我厌弃。其实,一个这么弱小的存在,怎么可能承担得起这么多的索求呢?

接受自己和他人就是脆弱的,反而比较容易接受、满足和快乐。

她说的第二件事关于关系的目的。她说,不是所有关系的目的都是在一起。如果把——尤其是心理方面的——提升看成技能学习的话,关系某种程度上就是实战场。有时,有些关系的目的只是检验、实践、增加自身的提升。我们可能甚至会主动选择一些非常困难的关系,坚持和关系中非常困难的一面对话。以往我们习惯于把它看成负面的事情,觉得是一种强迫性重复,或者低自尊。

但它也可能是因为你在坚持一些"修通自己某个方面"的努力。这种方式当然危险,是一种"玩火",但它也可能是有效的。

只有你自己知道你此刻最需要什么。

但在这样的关系中,你要记得自己是在玩火,你要记得最首要的目的,是接受挑战,是坚持做你觉得对的事情。不要在过程中丢了自己,好像得到、改变那个人反而变成了首要目的,又让自己因为无法实现感到痛苦。

她说的最后一件事关于自欺。人类有一种难以控制的倾向,会在很多细节上进行自欺。这些事,即便自己保持非常非常高度的警惕,有时也会难以觉察。尤其是当情绪变得剧烈,期待和渴望变得强烈的时候。所以需要有一些自己信任的朋友在身边,经常请他们帮助自己一起梳理真实是什么。

4

第三个朋友说的是关于爱情的心境和选择。

她和我说,她现在觉得,爱情的心境,是在遭遇某种有激发性的情境之后,自我塑造、自我说服、自我加强的幻境。那个东西可以被创造出来,有那种心情和没有那种心情,其实不代表什么。

她接着说,选择也一样,是一种虚幻的东西。很多时候当人以为自己是在作出选择,其实都是在被各种因素影响、暗示、推动。她说,人生其实并没有我们想象中有那么多的选择空间。

但她觉得这两种想法,都让她的生活实际上变得更为安宁。

5

　　沉默和语言一样重要。好的关系,能理解对方的语言,也能理解对方的沉默。能够给予对方语言,也能够给予对方沉默。有时表达、有时忍耐。

你是真的爱上了 Ta，
还是病理性迷恋？

1

大多数人都已经理解，爱是一个复杂的概念。它是一种情绪，也是一种冲动，同时是一种行动的倾向性。它蕴含了既好又坏的可能——可能带来积极的影响，对个体的生存质量带来质的飞跃，也可能带来折磨和对个体生存质量的摧毁。

所以，倘若我们只是去谈论爱，我们就几乎什么都不可能谈论出来。

心理学家纳撒尼尔·布兰登在 1980 年为人们提供了一种讨论爱的维度，即价值取向。他讨论的是罗曼蒂克的爱情。

光是这个提法就让我想到，当不同的人在谈论爱的时候，首先是价值取向的差异。现实主义的人谈论的爱，与浪漫主义的人就是不同的。当我们因为爱而争吵的时候，我们其实都是在为价值观的差异而争吵。

2

布兰登把浪漫的爱情定义为一种"精神/心灵—情绪—性"的三个维度同时存在的依恋感。我自己的解读是，当浪漫之爱发生的时候，我们会感到心灵相通、情绪热烈和性的吸引。

他对浪漫之爱有着很高的评价。他认为，选择浪漫爱情的人是个人主义的，因为他们追求的是个人的幸福（举例来说，而非家族的责任等），他们非常注重个人与个人之间的差异，认为每个个体是高度差异化的（所以他们才会只能爱上某些特殊的个体），同时他们相信由这种爱情带来的、高度幸福的人生可能。

选择浪漫爱情的人不惜为了爱情对抗家庭、对抗社会规则。他们是具有反叛的潜力的——因而很多更为传统的社会结构中，这种爱情并不受到鼓励。

如今的很多年轻人讨厌相亲，实际上是讨厌相亲背后折射出来的，与浪漫之爱不一致的爱情价值观。在那种社会取向的爱情观里，个体之间的差异是不被强调的（合适的人有很多，合适就可以了）。同时在这个价值观中，个人的幸福感的程度不如家庭结构的稳定来的重要。

而假如能够把相亲只是作为寻找浪漫之爱的一种渠道，很多青年人就不会如此反感。又或者，如果是本身也更能够接受社会取向的爱情观的人，对相亲自然也就不会排斥。

3

同时,这位心理学家又提出,浪漫之爱绝对不是盲目的。很多人觉得,爱情会让人"瞎了",但恰恰相反,浪漫之爱的发生,一定在于你辨识出了一个个体与另外一些个体的不同,所以你才爱这些个体,而非其他人。

这让我想到,病理性迷恋的状态在主体感受中和浪漫爱情的感受很接近。你会感到对对方欲罢不能、受到对方极大的影响;但如果你仔细辨识,你会发现在这种病理性迷恋的感受中,依恋大多发生在情绪层面,可能有,也可能没有性层面的,心灵层面的感受则会比真正的浪漫之爱弱许多。

病理性迷恋是盲目的。我们被一个人吸引,并不一定是出于爱。有时候,只是出于你们彼此心理结构的适配,一方激发了另一方长久存在的心理问题模式,两个人在当下的关系中,重新处理着从过去就存在的关于自身的问题。当这种问题被处理好之后,这种病理性迷恋往往也就消失殆尽。

说回浪漫之爱,在浪漫之爱中,有两种重要的体验,但这两种体验的根源仍然都围绕着价值观。一种体验是,对方符合你的价值评价,Ta 在你的价值评价体系中是高得分的。另一种体验则是,对方喜欢你的原因,也符合你对自己的价值评价。如果对方因为你自身根本不认可的价值的理由爱你,你将甚至无法感受到被爱。

这也是为什么我们经常说,一个不自爱的人也没有能力感受到他人对自己的爱——因为在 Ta 自身的价值评价体系里,Ta 没有价值点,无论他人因为什么原因爱上 Ta,Ta 都将无法感受到真实。

这就让我们有了第二个标准判断你遇到的是浪漫爱情,还是病理性迷恋。如果对方显然与你的价值评价体系相悖,你却仍然感受到吸引,你必然碰到的是病理性迷恋。

4

浪漫之爱不仅是一种情绪,它更是一种评价。

我们的价值评价体系,影响着我们身上发生的浪漫爱情。我们爱上一个人,认为那个人是自己快乐的来源——这就直接受到"我们认为哪些东西能带给我们快乐"的价值判断的影响。

例如,如果一个人不认为稳定的亲密关系是自己快乐的来源,Ta 就不会因为另一个人能够带给 Ta 这样的关系而爱上那个人。一个人假使认为征服是快乐的,Ta 就会爱上那个能不断给 Ta 制造征服体验的人,Ta 会与那个人发生真正的浪漫之爱。

同时,人们会爱上这样的人:在那个人眼里的自己,与自己内心的自己是一致的。这是一种外部世界对于我们自我认知的确认与反馈。如果对方眼中的自己,与自己内心的自己不一致,无论对方多爱自己,也难以给自己带来深刻的满足感。此时,影响我们的浪漫爱情的,仍然是我们内心对自己的价值评价。自我价值评价低的人,会爱上对自我评价低的他人。

5

前文提到的心理学家还有另一个引起我思考的观点，说的是：浪漫之爱是自私的。但对于这句话正确的理解，其实是"一个人因为爱上另一个人，开始认为对方的利益也就是自己的利益，Ta'自私'的范畴变大了"。Ta 的事变得与你自己的事情无异，但也就像你有时仍需要排序自己的不同利益一样，你们之间仍然会有利益的排序。

一个人有没有把你的利益也当做是 Ta 自己的利益，可能是判断真正的浪漫之爱有没有发生的另一个迹象。

6

最后我想讨论的，是关于浪漫之爱能否永续的问题。

一个普遍的观点是，激情必将消散，浪漫必死。但这位心理学家认为则不然。倘若两个人能够一直保有对过往经验的反思，一直以充分的人性、不陷入麻木地生活和相处，浪漫之爱的永续随之成为可能。

前段时间我认真思考过我要选择什么样的亲密关系这个问题，包括我要选择什么样的婚姻的问题。我想说的这些大概讲解了我如今思考这个问题的框架所在。

所谓的合适，往往指的是更小的风险、更顺利的相处、更少的矛盾。而激情则被认为是一个中性、无法用来回避风险，甚至有可能带来风险的因素。

当我们在选择亲密关系的时候，我们其实仍然在选择自己的价值取向，在选择自己所理解的幸福的定义，以及最终在选择自己要成为一个什么样的人。

如果你觉得自己是一个浪漫主义的人，你相信人的"存在"具有无限深刻的幸福体验的可能，你相信人与人之间深刻的连接感能带给你一种特殊的满足感，那么在你真正做出关于亲密关系的选择之前，你还需要先排除自己究竟是真的遇到了爱情，还是陷入了病理性的迷恋。

亲密关系、浪漫爱情，不是一个微小的问题，它们既是你的精神的化身，也是你心理状况的外显。每个人在其中的选择，就造就了时代的精神。

心灵的地狱竟好似乐园

1

施虐和受虐,是人们常常没有意识到,却无处不在我们的关系中的两件事,或者该说是同一件事情。

它们令人痛苦,同时也令人兴奋、快乐。远比我们想象中更多的人,追逐着施受虐的关系。

"拯救与被拯救"和"施虐与受虐",只是同一种关系的两面。当一个主体本身并不完整的时候,他们感到失落,因而想要与另一个主体形成深入的纠缠与补充。由于刻骨的空虚与孤独,我们渴望与另一个生命融于一体,幻想自己可以分享另一个主体的力量与荣光。

但事实上,能够形成共生的,都并非完整。

每个渴望受虐的人都精于施虐,就如同每个渴望拯救他人的人都等待着被拯救。

渴望被拯救的人,同时也渴望着被统治。而渴望去拯救的人,同时也渴望着臣服。

那些最有意志力的人，同时也是最为脆弱和破碎的人。而这句话反过来也是真的。

2

我打心底里欣赏那些有能力真的坚持自己的道路和世界的人。比如张充和，她最出名的一句诗，要数"十分冷淡存知己，一曲微茫度此生"。

张充和的书法、绘画、昆曲、写作才华都很高。但她从不出版，从不发表。她做这些事只为了取悦自己，随写随丢，是一个真正不把他人的眼光放在心上的人。

这些人可能真的是"天选之人"。

然而，随着年纪渐长，我意识到只有极少数人，有能力和幸运只活在自己的世界里。我依然欣赏他们，但对于那些在更普世的世界里，努力入世，同时竭尽所能想要为自己有所保留的人，有了更多的尊重。

我们都是很平凡的人，不能对自己要求得太多。

3

当一个人的世界观基本确定，而开始怀着这种世界观观察和参与外界的时候，Ta 开始能够辨认出人群中的一些人。

在能够看懂彼此的人面前,言语是不重要的。你看见他的灵魂,既是熠熠生光,也是暗不见底。你也感受到他落在你灵魂上的目光,而那种目光中既没有审视,也没有不解。

最终,我们因为世界上还有相似的灵魂得到慰藉。你们彼此映照,感到自己存在的合理性。

如果说人间是一个修罗场,每个人都有自己度过它的方式。"尔本妖孽,何须为人。"

4

"要是相爱不必凭欢乐,
我们就爱吧,直爱到有一天
心灵的地狱竟好似乐园。"

——雪莱

喜欢可以是无理由的,爱都是有理由的

1

喜欢是体验中很正面的一种情感。爱则不是。爱是一种充满矛盾体验、复杂的情感。在爱中,我们彼此原谅,同时不断做出一些选择,也因此赢得"让对方原谅"的资格和理由。

没有原谅的感情还不够称为爱。

我们爱一个人,直到我们再也找不到原谅 Ta 的理由。

"喜欢可以是无理由的,爱都是有理由的。"

2

我现在觉得,日常是最深情。

浪漫的、强烈得仿佛要使心脏爆炸的激情,并不是最难得到的,也不是最难付出的,更不是最珍贵的——它当然也是珍贵的一种。

在忙忙碌碌的日子里，每个人都操心着自己的一份小生活。这个时候，能够持久地关心另一个人的幸福，是很难得的。

想想你自己，大多数时候你自顾不暇。但是在一些特殊的时间节点、在忙碌的间歇、在看到一条仿佛不太开心的朋友圈信息时，你会主动去给他们问候。这样的人对你来说有几个？

是这些人丰富了你的生命，充实了你的人生。

一个相对应的问题是：在你忙忙碌碌的日子里，在谁的身边，你会感到自己在真正地休息？

3

然后说到伴侣。

伴侣之间，需要有共同的生活空间，这种空间也许不是物理上的，而且也许只需要一个方面，比如同居，比如有着类似的目标或爱好，比如追求着相似的东西，等等。

有好朋友之前总是跟我说，在读书期间恋爱似乎会更容易深刻，因为你们本来就有很多共同的生活空间。你们的精力和时间都在类似的事情上，因此更容易滋生恋爱关系。

而长大后，我们都更不容易让自己强行与另外一种生活空间融合。无论是生活习惯、价值观，还是时间精力的分配等等。

所以结合成伴侣就更困难了。

"既是海上明月，又是人间烟火"的要求可能太高了。

但"伴侣",从字形上看就是比肩而立的人,彼此说话的人。只有这样的人,才称得上是伴侣。

4

有生之年,目标是造出一个小小的堡垒,把所有我想要守护的人和事都安放其中,爱与被爱,简单而满足。

能力小的话,就做一个小小的世界,容纳有限几个人;能力大的话,就做一个大大的世界,庇护世界上有类似信念的好大一批人——但说到底,能庇护多少人不是最重要的。

5

生命太有限,我守得一人是一人。

我最喜欢的，
是一种"随时可以宾至如归"般的感情

1

我最喜欢的爱，大概是一种"随时可以宾至如归"般的感情。

到那个人身边去的时候，总是像一个风尘仆仆的旅人。漫长的路途中攒下了一身的疲惫，在看到 Ta 的一刻，就觉得最后一口强撑着的力气也消失殆尽了。

那人会浅笑着接过你，你自然地卸下了浑身的背负，虽然还尚疲倦地连话也不想说。

我明白这样的感受。在 Ta 身边时，我格外"正念"。所谓正念，是一种没有时间感的状态，没有注意力在过去或者未来，"自己"作为一种意识完完全全地存在于此刻、当下、此时此地。

大多数时候，我们和他人待在一起，需要有一些活动来维持两个人的同时在场，比如游戏，或者吃饭、看电影等等。但与有些人一起是不需要活动的，可能因为和那个人在很深的层面上连接在一起。因为信任,光是两个人在一起,就仿佛造出了一个与外界之间的透明罩子,把你们和这个现世隔离开来。

是只要彼此待在一起,就能够瞬间"出世"的感情。

在这个透明罩子里,你和生活的关系是温情脉脉的,所有在现世中介怀的、烦恼的、背负的、被辜负的、渴望而不得的,都会像黑夜中退潮的海水一样一瞬间离你远去。仿佛那都是很遥远的世界中、不怎么重要的东西。于是可以安然度日,就如海上随波荡漾的一叶扁舟。

真正让我诧异的,大概是在那个状态里我所感受到的,自己与世界之间的另一种关系的可能。

而所谓的随时可以宾至如归,说的是,这个地方你来过,你没有在这里住下。你离开后,也曾有过很久没有回来的日子,但当你们再相逢,仍是"如归"般的感受。你没有为了维持它做出什么特别的努力,但你知道你们随时都可以回去。

与君初相逢,犹如故人归,而在那以后,我们再也没有生疏过。

2

爱是微小瞬间。

每当我见到爱上已婚之人的人,我都忍不住想要劝慰一番。我对他们没有评判,只是很想帮助他们看见。

爱这件事,很复杂,又很简单。一百个人对爱有一百种解读。有人理解为炽热的欲念,有人理解为强烈的情绪影响,有人理解为不舍,有人理解为痛苦。

我一直认为,我们最好不要用"爱"这一个字,去解释如此之多、完全不同的东西。

有一些人口中的爱,是很容易的。它从天而降,让你对某个人有强烈的"被吸引"感——无论是肉体上还是精神上,你渴望靠近这个人。随后,我们对于这种吸引力的不同解读以及不同应对策略,又让我们做出一百种不同的选择。有人觉得一定要走入婚姻,也有人觉得需要让热情燃尽,随后有人选追逐,也会有人选逃避。这里面发挥作用的已经不仅仅是吸引力,更多是个人的认知、思维和行为模式、价值观、性格人格,等等。

甚至,人们因为这种被吸引的感受,做出种种伤害对方和自己的行为,然后说:"我控制不了,因为我爱你"。也有不少人愿意认同这种"难以自控"就是爱。我是万万不认同的。这只是炙热的、强烈的吸引力而已。而爱是更高级的事物。

我一直认为我们应该给这种"被吸引"感重新命名。它可能是喜欢,但并不是我所理解的"爱"。一个人对你有这些表现和感受,可以说 Ta 被你吸引,或者是 Ta 被你强烈地吸引。但这并不意味着 Ta 爱你。

"但是青年们在这方面常常错误得这样深(因为在他们本性中没有忍耐),如果爱到了他们身上,他们便把生命任意抛掷,甚至陷入窒闷、颠倒、紊乱的状态。"里尔克曾经这样说。而我认为，即便有了这样的状态，那与爱也未必有关。我的观点仍是，那不过是强烈的被吸引罢了。

我在判断爱是否存在的时候，有一个简单的标准，那便是那个人是否愿意维护你的最大利益，甚至在一些时候不惜为此损伤自身的利益。同时，这种对自我利益的放弃和对对方利益的维护，不是以交换和未来自身的收益为目的——尽管我们都会渴望得到回报。

人和人之间的关系总是充满冲突和起伏，没有哪个人能永远做到为对方的利益放弃自己的利益——但这样的时刻是会存在的，在有些时候和有些事上，我们能够为自己爱的人做到这一点。

我如此简单地用这个和利益有关的标准判断爱是否存在。或者，我们起码可以这样说，如果有这样的时刻，那这段关系中就是有爱存在的——也许少，也许转瞬即逝。

在前面提到的已婚者的案例中，事情其实非常简单。一个人，假如 Ta 的价值观认同婚姻（维护自身的婚姻不破裂就是这样一种价值观的体现），Ta 却让你拥有一段不具有婚姻可能的关系。这只有两种可能：或者 Ta 不爱你，因为爱你的人会给你值得拥有的东西，比如公正的可能性。或者 Ta 自身的三观、情感就是混乱的，这样的情况下人没有能力真正去爱，这样的状态中你们势必两败俱伤。

这是我想说的，关于爱的两则。

真正的伙伴，会让你感到生活值得期待

1

中午跟一个朋友吃饭。她说自己平时是一个骄横跋扈的人，但如果是她认定的、爱她的人，她会注意收敛自己的脾气。

她说，虽然真正爱自己的人，总会接受和原谅，但那些都会成为心上细小的划痕，尽管不改变结果的大方向，总归会产生些许后果。

她接着说，对于那些自己认为是最终要去珍惜的人，就要努力去减少给对方的心留下划痕的机会。

我听完，想的是大部分人和她的想法不一样。人们往往会仗着对方珍惜自己，在这个人面前格外不加收敛，或者当作理所应当。直到这种划痕，最终改变了对方对自己的评估——从值得到不值得，有时候也就是一步之遥。

我们就是这样失去了那些曾经珍视我们的人。有些东西是无法修补的，发生过，就持续地伤害着。我们并没有足够的忘性，

去不计较过去。

好好彼此对待,是如此罕见的一件事。

2

最疼爱你的人,会因为别人伤害了你,对别人感到生气。进而会因为你不够珍爱自己,给了别人伤害的机会,对你感到生气。比如父母就是这样。

我们一生的精力、时间和爱都很有限。为了那些疼爱我们的人,要把爱留给不会让他们觉得伤心的人。

"亲者痛,仇者快"这件事,离我们的日常其实并不遥远。那些给你带来损耗的人,从你的付出中获益。疼爱你的人,却因为你的损耗担忧。

人们往往在蓦然回首时,才发现伤害了最爱自己的那个人。

3

我曾经提到过"真正的伙伴"这件事,很多人问我真正的伙伴是什么样的。

我想这样回答这个问题。和真正的伙伴在一起,你会透过他们的眼睛,看到一个没有被过度美化,也没有因为缺点令人不可接受的自己。和他们的互动,会让你感到"生活可期"。

觉得未来值得期许，大概是人们在日常中能够拥有的最好的感受之一。真正的伙伴让你觉得身边有所信靠，让你对未知怀抱希望。

我一直很喜欢一个朋友在婚礼上说的话。她说，我想嫁给他，是因为和他在一起，我总会觉得明天的生活会比今天好，一天会比一天更好。

这当然不客观，我们总是在挫折中进取。但"生活很可期"的的确确是一种感人的情绪。对我来说，它约等于幸福本身。

4

有一个想要为世界作出一些贡献的小孩问我，她说觉得自己的努力和抗争都没有什么用，看不到胜利的希望，觉得很沮丧。

我跟她说，可以把《老人与海》找出来，再好好读一读。海明威在娶了4个老婆这件事上，没有什么道德制高点可以站，但我还是非常欣赏意志力顽强的那种人。我特别喜欢《老人与海》这个故事。它让我们知道，最终我们不是选择胜利，因为胜利无法被选择。

我们选择的只是一种姿态——我们选择了以抗争的姿态度过这一生。而姿态是很重要的。

重要的是保持抗争。

"好的亲密关系,是自我被治愈后,自然结出来的果实。"

1

我曾和一位好友聊天,他在海外读博。我和他的友情很密切,但完全没有罗曼蒂克的部分。虽然联系并不多,每年他回国的时候,都会专程来上海几天看望我,交流一下一年的经历和心得。

我们所学的专业很相关,除了日常问候,我们很大部分聊天的内容是对最近所读的论文或书籍的交流;最近与自己的精神分析师或心理治疗师工作的进展、对自我和生活的反思。他的精神世界比我丰富,有时还会向我展示他最近的插花习作,以及研究周易的所得。

我们通常用文字交流,相互陪伴、尊重与理解彼此身上不入世的那个部分。

我和他聊到一个近期的感悟,觉得颇有些价值。

2

对于那些有着创伤的成长经历的人来说,可能有一小部分非常幸运,他们偶然遇到了非凡的爱人,被一段非凡的亲密关系通过充分的爱和安全所治愈。

但大多数人是没有这样的好运的。就像我很喜欢的一句英文诗:"He was the boy I once loved: a little bit messy, a little bit ruined. A beautiful disaster, just like me." 我曾经爱过的那个男孩,他有一点点混乱、有一点点被损坏。他是一个美丽的灾难,就如同我自己那般。

大多数人经历的,是两个有着各自问题的人,在一段关系中碰撞和摸索。

而另一方面,一个人会有什么样的亲密关系(包括是否拥有亲密关系),是受到 Ta 当下的人格状态限制的。对大多数人来说,并不是亲密关系治愈了他们,而是在他们越来越被治愈后,才拥有了这样的亲密关系。好的亲密关系,是自我成熟后结出来的果实。

3

就像人生一样,两个人能否成就一段好的亲密关系,除了"命运"这个我们无法掌控的部分,还是很大程度由和一个接一个的"决定"和"选择"造成的。

比我们所能意识到的远远更多的是——生活中充满了需要做决定和做选择的瞬间。一段关系的建设尤其如此。你选择和什么样的人在一起；以什么样的标准定义理想的关系；在相处中遇到问题时选择什么样的策略去处理；有没有足够复杂的世界观理解人；有没有足够灵活的人格去应对和接纳关系中与自己预期不符的部分……

亲密关系首先是关于你自己的，婚姻更是如此。它首先是你个人价值观的凝聚：你想要的生活是什么样的？哪些东西会比另一些东西更重要？我们对关系的满意、不满意，首先取决于我们内心的准则。而不同的人所持有的准则可以大相径庭。

当一个人过去的创伤还没有被治愈的时候，Ta 在亲密关系中想要追求东西可能是混乱的，Ta 情不自禁地被明知会伤害到自己的人所吸引，或者因为过去的某种匮乏过分地追求一件对未来的幸福其实并不重要的东西（比如征服、比如得到认可等等）。

即使对于那些并不曾被创伤的人而言，也是要等他们足够了解自己以后，才会更容易地达成让自己充分满意的亲密关系——你知道了珍惜对自己而言真正重要的价值，也有了力量和勇气舍弃那些可能有人觉得很好，但并不是对你来说最重要的东西。

4

你所看重的价值，并不只影响你对伴侣的选择——有些时候你所看重的，是只有通过时间和努力，才能在两个人之间建设出来的，比如，充分的信任、良好的沟通、默契的问题解决方式、深入的连接感，甚至是好的性活动。

这些都不是一蹴而就的，无论和谁在一起，都要走过一段磨合的道路——你首先要对这一点有充分的心理准备，合理的预期能够帮助你积极投入到磨合的过程中。

这对一个人的心智有着灵活性要求：你要有能力在相处的过程中，不会僵化地被自己过往的认知束缚，在出现困难的时候，积极地怀有解决问题的动力，甚至突破一些过去你认为自己不会突破的原则，采取一些你过去不会采取的视角。

两个人之间达成协同良好、连接紧密的关系，是很难的。需要两个人都有强烈的动机、付出真实的努力。

但归根结底，是由你们两个人真实的存在决定的——你是一个什么样的状态，你就会以与之相对应的方式处理关系。

5

我并不是在说，在这条路上我已经取得了我的果实，事实上，我的旅程也才刚刚开始。

但对于那些，明显感受到自己身上还有很多没有处理好的事情的朋友，我希望你们不必着急，同时又怀抱希望。

去努力获得你人格的发展，去激发你本能中就拥有的、不断朝着更完善的自己发展的动力,然后你的改变会改变你的外在关系,你所久久期待的美好关系将会成为自然结成的果实。

这世上最有趣的事，
大概是和爱人一起虚度白日

最近生活很平和。

在江南长大的孩子，都有这样一种经历：追着一年四季的各种时令食材，不知不觉中，随着餐桌上的变化，时间就过去了。回到了南方的我，也重新投入到了这种满是人间烟火感的生活里——这样的生活就像食物一样触感真实又令人满足。不过在和小我几岁的小同学聊天时，还是想到了几件小事。

1

懂事和礼貌这两件事，一定要选对对象。只有对方是个得体的人（decent human being）的时候，你的懂事和礼貌才会被妥善地对待——你的善能激发他人的善。但的确有些时候，懂事和礼貌只会为对方从你身上获得所欲提供便捷而已。遇到这样的人，要转身走开，不要试图理论。相信我，他们知道自己在做什么。但也不要因为他们放弃自身的善意，只是今后，你会更懂得去选择。

2

这个世界上真心关心你的人远比你以为的要少得多：大多数人不会做对自己无利的事，如果关心你对他们没好处，他们不会关心。少数人能做到在不损害到他们的利益的前提下，偶尔关心你。只有极个别人，能够为了你，舍弃一些自己的利益。哪怕只是在一些时候他们会这样做，这些人仍极其难得，值得你将他们妥善收藏。

3

以前听说长大是去除棱角的过程，现在意识到，其实这个过程才是真正形成棱角的过程。你会越来越知道自己需要什么，自己不想要什么，什么是珍贵的，什么是可以随意的。成长的过程其实就是：学会发现世界上什么对自己是重要的，并且用行动去捍卫它。

就如同我，所求的不过是与亲密的人们于四季间闲坐，外面的世界风雨飘摇也罢，我们总能以最简单的方式相守相伴。一个不用设防的世界，是我的求仁得仁。这世上最有趣的事，大概就是和最爱的人们一起虚度白日。

愿你心无挂碍。

爱是因为道德、责任和深深的共情而自愿给自己戴上的枷锁

1

真爱不是一种宿命,也不是一种偶然。

在这个早已变得更为多元的社会,在随意性、开放关系,乃至多偶制被越来越多人讨论、践行的时代,一生一世(恩爱的)一双人已经很难是一种"自然而然"。

我们会在很多的时刻想到那些"其他的可能性"。一种"害怕错过最对的选择"的恐惧,驱使着我们左顾右盼,权衡自己所得到的和所失去的,在关系中充满怀疑。

因此,在如今,这种"一生所爱"的发生,更需要两个审慎的成年人,通过探索,坚定这是自己的价值体系中真正认可、需要和能够享受其中的东西,然后因为忠于自己的价值观与对方达成合作,尽力活出自己认可的关系和生活。

用大白话来说,那些仍然把一生之爱当作梦想的人,有更大

的概率拥有这样的感情：你的价值观里很看重这件事，你的伴侣恰好也是这样认为，然后你们彼此都愿意为自己的这种价值判断中认为是非常好的东西付出努力。

也正是因为深知彼此都很看重一段美好的关系，更不忍心让对方承受一些自己不会愿意承受的伤害和遭遇。

真爱是一点点荷尔蒙的作用，加上自身的选择，再加上因为道德、责任和深深的共情而自愿给自己戴上的枷锁。

"在一起之后，无论有多少矛盾，都没有真正想过分开"的关系，我不知道在这个时代是否还存在，但我仍然愿意怀有这样的理想，以此迎向未知的未来。

2

如果你也和我一样，认同人活在这个世界上的意义，就在于不断尝试活出自身的最大潜能，然后顺手帮助一些刚好出现在你身边，并且你有能力去给予一些帮助的人，那你应该也会认同在这样的人生路上，为他人的评价驻足停留、愤怒，或者伤怀、企图澄清误解或自我辩白，都是对时间精力的一种无意义的浪费。

很多时候，试图向他人说明自己，都是徒劳的。因为对方不只是缺乏理解的契机，更缺乏理解的动机——他们没有理解你的意图，他们对你的解读，只关于他们自己而不关于你，他们需要这种解读来满足一些他们自身所欲。

我说的误读并不止于负面的评价,也包括那些本不属于你的赞赏。它们可能会给你带来一时的愉悦,却不能为你的真实增添任何光彩,甚至可能令你为了维持这样的赞赏迷失了自身。

人活着,从生到死,归根结底只与自身相关。一生很短暂,你的探索只需要是关于自己还能成为什么的探索。你有比站在这里听他们的声音更重要的事情要去做。

不要为了他人停下、改变,甚至是损毁你自己,在世间你要安静地走你该走的路。

伊斯兰教有一句古谚语,说的是,这个世间是一座桥,不要在上面建造你的住所。最终我们都会抵达自己该抵达之处。

3

众生是这样的:你若比众生好一点点,他们会爱你。但你若比他们好出太多,他们便会恨你,而后会惧怕你。

众生便是这样的存在,而我也是众生中的一员。

众生皆苦,而你要容纳那些苦。

4

要理解当下的处境,我还需要

一些蝴蝶的天赋:欲望再重,身躯

还是一样地轻。

有时记忆是越短越好。有时

人脱下道德，就像脱下贴身那件衣裳。

在对冬天的留恋中，我是饥饿的——

刻意维持的饥饿，用来抵抗春天的入侵。

（春天是强势的入侵者。）

——有人在冬夜匆匆走远却回头。

（我的对抗频频失守。）

而与这动荡的一切相反，我的失望，

（或者说每个人的失望，）

仿佛一座从未被敲响的大钟。

你的晦涩像一束强光照透了我，而我必须起誓

——以蝴蝶的名字。

我希望的爱人，
是因为"我之所以为我的特质"而爱我

1

作为一名女性，我希望男性（或女性）在对我产生爱情的时候，是因为"我自己认为自己身上最有价值的那些特质"而爱上我，是因为那些"令我之所以是我"的特质而爱上我。

比如说独立、自尊自爱、坚持自己的声音、反叛、关心社会与他人等等。而不是因为 Ta 寄托在我身上的，不是我自身的想象。

我始终认为，当一个女性决定独立地承担起她全部命运的时候，当她决定坚定自己的自我，不再迎合任何人的时候，她才迎来自己最迷人的时刻。

2

以前看过这样一篇评论，说的是"花木兰和美人鱼的故事里，主角都有很强的精神自决力量，在无人可以商量、依靠的情况下，以惊人之心力，独自决断了命运，直面波澜而无悔。要说这是孝道或为爱情牺牲，总觉得小看了她们。"

在一个依然是父权的社会中，女性做出"深思熟虑后的不服从"，是需要极大的勇气和力量的。

而父权社会束缚的从来不只是女人。当一名男性可以因为女性不够依附而批判女性的时候，在另一种场景下他也会因为自身不足够有能力供养而批判自身。这样的男性本身也是不自由的。

而当一名男性开始能够欣赏女性为了成为自己而付出勇气和力量的时候，这意味着他本身也是充满勇气和力量的人，是一个对这个社会的约定俗成有觉察和反思的人，是具有独立的人格和思想的人。

哲学家雅斯贝尔斯在《时代的精神状况》一书中写道：个体的自我首先来自"他在世中，而对此世的反抗"。当人对自己所身处的时代有反思和批判的时候，Ta就有了自我，也有了历史的眼光。

3

雅斯贝尔斯还说："这个世界的实在是不可回避的。体验到现实的严酷性，是一个人有可能获得他自己的'自我'的唯一途径。在世界中扮演一个主动的角色，是一个人自己存在的必要前提，哪怕他的目标是不可能实现的、难以达到的。"

在这个世界中，如果想要感受到自我的存在，我们都必须主动去寻求一些目标，而不只是回应世界对我们的要求——无论这个要求是学习、工作、婚姻、生育、达成财富等任何一种。

我们要始终与我们作为人能够具有的主动性，和天性中的创造欲望在一起，在主动的过程中，在创造的尝试中，我们得以坚定地知道"自己"的存在。

是在这个状态中，我们开始了自己生命的征程，我们如同逆流而上，时而意气风发、扬帆直上，时而节节败退、溃不成军，但这是使我们自己的生命真正属于自己的唯一方式——无关男女，这是每个想要真正活过的人，都必然要走的路。

无论性别，我祝愿你们中的每个人，都能够尽可能地剥离那些约定俗成和"社会眼光"对于每个个体的想象和束缚，把有限的人生全情投入到那只属于自己的、与那冥冥中似乎掌握着我们更广大的命运对抗的战斗中。

什么样才算是包含"尊重"的关系?

1

什么是爱?

当人们说"爱"的时候,它可以有很多个不同层面的意指。

第一种常见的意指,是情绪、念头层面的。会被人解读为爱的情绪、念头又有很多种。

比如,"非常渴望占有/被占有"的情绪,或者是自身的情绪被对方强烈地影响;或者是对方在自己的脑海中挥之不去;又或者是想一直和对方在一起,想把自己的所有给对方……有一些人、有一些时候,我们会把这种感受解读为"爱",并沟通成"我爱你"。

第二种同样是很常见的意指,是身体、欲望层面的。强烈的欲望、激情,也会在一些情况下被主体解读和沟通为爱。

第三种意指,是道德或政治层面的,比如父母与子女之间的角色设定,在约定俗成的道德中,默认为"爱"的关系。

第四种意指，是行为选择层面的。例如，为了他人的利益而自我奉献的行为。

也就是说，当一个人认为自己"爱"一个他人时，Ta做出这种认定所基于的事实、现象可能千差万别。因此，比起听对方关于爱的表达，我们更应当独立地做出自己对这种表达的思考和判断。

对于爱的接收方来说，更重要的两个问题可能应当是，a.什么不是爱？ b.什么是值得拥有的爱？

关于第一个问题，我在这里或许过于武断地提出：没有尊重，就不配被称为爱。

当我们在谈尊重的时候，我们又在谈什么呢？首先，我们在谈的是，尊重对方的自我决定的权利。

你想索取、占有，对方不愿意就抢占，这是不尊重对方的自我决定权，当不尊重出现的时候，爱就不存在了。

你想付出、给予，对方不愿意接受而强迫Ta接受，这也是不尊重对方的自我决定权。

当然，关系中的两个人，需要为了彼此做出妥协，但这种妥协应当是自愿做出的。我们同时也应当保证对方有不愿意妥协、选择退出关系的自我决定权。

此外，关系中的两个人，也可以有"嬉耍"性质的，强迫对方付出或给予的行动，这会让关系变得淘气、有趣。但这一行动应当建立在双方都明确这只是一种情感性的表达，关系中的双方本质上会尊重对方，有信任，而不感受到真正地被强迫。

在现实的关系中，不尊重的表现往往不是如此直截了当，而是以更婉转、更隐蔽的方式出现。比如，通过有意隐瞒信息、通过语焉不详的暗示与诱导，让对方做出符合自己心意的决定——看起来是自我决定，本质却仍是不尊重。

这就涉及尊重的另一个含义：尊重知情同意的权利。

没有知情，就没有同意可言。当我们尊重对方的自主决定权时，我们有责任尽可能地让对方了解全部的信息，有责任尽力让对方理解当下的处境，理解不同选择的背后可能隐藏的风险性后果。在对方充分知情的情况下，才能真正行使自我决定的权利。哄骗、隐瞒、暗示、洗脑，当这些因素出现的时候，自我决定的权利就不存在，尊重也不存在。

此外，通常在相关心理理论研究中，认为未成年人没有足够的自我决定的能力。我们认为他们的大脑仍在发育中，心智发育程度也仍不稳定，没有足够的能力判断所有的风险和可能性，也更容易受到处境和他人的影响。也就是说，因为未成年人尚未达到"自治"的状态，因此对于未成年人，我们并不能够简单以"知情同意"来判断关系中的尊重是否存在。

而作为关系中成年的一方，我们应当尊重未成年人的成长阶段的特殊性，理解对方在自主决定上的"不足够有能力"，从而更多承担保护他们不受伤害的责任。

第二个问题，什么是值得拥有的爱呢？

我认为，值得拥有的爱，应当在行为选择层面有足够的表达。

它指的是，在尊重的前提下，我们能为对方做出实际的付出和利益的让渡，在一些时候把对方的需要看得和自己的需要一样重要，甚至有时能够比自己的需要更重要。

值得去拥有的爱，是我们在这爱中能够感受到对方在真诚地为我们的利益考虑，尽管也会有对方坚定自己的需求、希望我们妥协的时候，但你起码能在一些时刻，感受到对方的这种考虑和努力。

2

性暴力和性虐恋行为（SM play）有什么不同？

性虐恋行为中，有一些打、掐等造成疼痛的行动。它是不是也是一种性暴力呢？

其实，性虐恋行为和性暴力的区别，已在于"尊重"是否存在。

性暴力中，受害者没有自我决定权——他们并非自愿地承受暴力，也没有随时喊停的权利。

而性虐恋行为，是指出现在一段相互的、互惠的、平等的关系中的，双方都是有自我决定能力的成年人，在充分知情、理解关系的内容（比如这种性虐恋行为对双方来说意味着什么）之后，都自我决定、自主自愿地认为这种性虐恋行为能够给自己带来某种增益和快感，并且双方中的任何一方都拥有在过程中随时喊停的权利——尤其是作为受虐的一方——而共同作出的决定。

我们看到的，这种平等性、互惠性、共同决定和尊重，都决定了它和性暴力本质的不同。而如果缺乏这样的平等性、互惠性、共同决定和尊重,也就不是性虐恋行为——最多是给性暴力挂羊头卖狗肉罢了。

"渣"的本质是什么?

"同时喜欢多个人,这不是渣吗?""你渣你还有理了?""没确定关系就上床,不是渣是什么?"

我想和大家聊一聊"渣"这个问题。"渣"和正常的情感发展阶段、健康的亲密关系、健康的新型亲密关系的边界到底在哪里?如何在现实中识别二者的区别?

要说明这件事,我们需要先复习一下"知情同意"这个概念。事实上,是否知情同意就是区分关系是否健康的重要标志之一。

1

什么是性知情同意?(入门阶段)

性知情同意是近年来,随着米兔运动[1]被广泛讨论的一种"知情同意"场景。

---

1 中国版 Metoo(美国反性骚扰运动)的代称。

它指的是，发起性行为的一方，有责任确保对方了解自己的意图，并需要对方明确表达了自愿与自己开展性行为的意愿。

在传统的文化中，男性很容易把女性的一些行为误解为同意。例如，女生接受了和男生一对一吃晚饭，女生邀请男生来家里，女生在家中和男生接吻……这些行为都不能被视为"同意性行为"。

"Yes means yes. No means no."

同意意味着同意，不同意意味着不同意。

在传统的性观念中，还有类似"欲擒故纵""嘴上说着不要身体却很诚实"等关于女性的迷思。

性知情同意要求打破这些迷思。在性行为开始前、进行中的任何阶段，性行为中的任何一方都有随时提出"不再继续开展性行为"的权利。

性知情同意要求发起性行为的一方，尊重对方的任何关于"拒绝"的表达。重视倾听，不采取下一步行动。

同时，发起性行为的人要知道限制或无行为能力的人（即醉酒、吸毒、睡着、失去知觉）是无法同意的。如果不确定某人是否清醒，不要发起性活动，因为这可能会造成伤害。

要让对方明确知道你想与其开展性行为，并获得对方明确的、持续的许可。在这个过程中充分尊重对方拒绝的意愿和信号。

这是健康的性行为的开展。

2

知情同意是一条清晰的边界线，它区分了渣与不渣。

在性关系中，如果你想展开一些异乎寻常的性行为尝试，你需要明确告知对方你的意图，保证对方了解全部信息，并获得对方明确、持续的许可。

在关系的发展阶段，比如说约会阶段发生性行为是不是渣，取决于性行为的发起人，有没有明确地向对方告知了此时自己的真实状态，并确保对方理解，并获得了对方自愿、明确的同意。

A 和 B 处在约会阶段。此时 A 试图与 B 发起性行为。A 正确的做法是：

a. 告诉对方自己目前对其的感受"有进一步发展亲密关系的意图，但目前并没有想好是否要进一步发展"。

b. 告知对方此时发生性行为对自己的含义"我们如果发生了性行为，并不代表我们就成为了男女朋友，只是享受此刻"。

c. 进而需要进一步询问对方的意愿，"你是否全面了解了当下的情况，在这种情况下你是否同意我与你开展性行为"。

如果 A 采取了这一系列的行为，并获得了 B 的知情同意。那么这是健康的约会关系，而不是渣。

同理，如果你想与一个人开展开放关系，或者你处在开放关系中。此时你应当做的，是向新接触的对象主动明确地介绍"我想要开展的是一段开放关系，或我目前处在一段开放关系中"。

如果对方对你有一系列问题，你为了确保其知情，有义务向对方做出充分的说明。（后文我将对开放关系做进一步的说明。）

在这里，我想向大家强调，"知情同意"实际上包含了两个阶段，第一个是"知情"，第二个才是"同意"。

发起性行为的一方，或者发起亲密关系的一方，有责任确保对方的充分知情。在充分知情的前提下，才有"同意"可言。

重要的事情再强调一遍：发起方有责任确保对方充分知情。

3

渣的本质是通过制造信息不对称，或者利用现有的信息不对称，通过说谎、隐瞒部分信息、语焉不详、暗示、误导、不澄清误解等手段，利用对方的"不充分知情"占便宜、实现自己的目的。

比如说 A 制造出一些误解，使 B 误解自己对其有爱情，然后在这种误解下取得自己想要获得的东西，无论是关爱、性，还是其他情绪情感价值等等。

在传统语境中，A 会为自己辩解说"我又没有骗你，是你自己误解的"。但在知情同意语境下，A 有义务澄清误解，使 B 在充分了解现实状况的情况下做出自己行为和意愿的选择。

说到这里，我们也不难理解"知情同意"的本质。

知情同意的本质，即"尊重"。

遵守知情同意，意味着我们相信对方和自己是平等的个体，尊重对方的边界和主体性。我们认为对方有权在充分知情的情况下，做出自己独立的判断和选择。

知情同意代表着平等，不知情同意则代表着剥削。

知情同意不是口头上和表面上的。通过权力关系，比如上司对下属，获得了下属口头上的知情同意，这是一种伪知情同意。

只有一个人有充分的拒绝的权利，能够完全自由地、不需要付出代价地做出拒绝，知情同意才有可能发生。

因此，在与未成年人的关系中（未成年人不充分具备为自己做出自主决定的能力），以及在存在权力差异的关系中，即便存在口头上的知情同意，实际上这种知情同意也是无效的。

在知情同意的情况下，无论是性虐恋（SM）等特殊性行为，还是开放关系、多偶关系，实际上都只是一种个人自由的体现，可以是健康无害的。

4

当一段关系是知情同意的，它本身意味着这段关系中两个人的许多特点。

它首先意味着，发起主张的一方，有足够的真诚、诚实和尊重，对自己和他人都是真诚的。

其次它意味着，考虑是否接受主张的一方也是一个心智成熟的个体，有独立承担自己生命责任到底的意识和能力。

它也意味着两个人都有着能够包容复杂的心智水平（人格发展水平）。

最后它还意味着这段关系中存在着"信任"。这种信任不是指"我盲目相信你会一生一世只爱我一人"的那种。

而是，对发起方来说：因为信任你是个成熟的个体，我愿意把自己袒露给你，因为相信你有为自己的选择负责的能力，我愿意尊重你全然自由的选择权利。

对接收方来说：在商量知情同意的过程中，我已经感受到了你的诚实和真诚，我因而相信你不会"利用我"（take advantage of me），我相信你不会蓄意剥削、伤害我，因而可以站在自身的需要做出最适合自己的选择。

据我的了解，在当下的中国，展开关于新型亲密关系的知情同意非常困难。

许多人因为害怕被道德批判，并不敢诚实地说明自己的处境、想法和意图。但他们仍然希望获得自己渴望的东西，因而就选择了通过欺骗、误导、诱导、暗示等途径。此时，未被赋予充分知情的机会的一方，会受到很大伤害。不仅仅是期望不符合现实的伤害，还因为感受到了对方的不尊重、不信任和剥削。对于新型亲密关系，比如开放关系，它们最大的特点就是并不存在统一的规则。

一段开放关系能够开放到什么程度，自己在其中是什么角色（是不是核心关系），两个人需要告知对方哪些信息（什么程度的信息，比如是否需要告知自己在这段关系外的交往状况、交往细节等）。这些都需要两个人以充分的开放、信任和诚实的态度来开展讨论、协商，直至取得共识。

因此，当一个人选择了新型亲密关系的时候，这意味着 Ta 选择了一条更难的路，选择了始终与生命中最复杂的一面时时相对。能够驾驭新型亲密关系的，是那些人格发展程度更高，心智更为复杂，并有着亲密关系上的特殊需求的人。

如果你的人格发展程度很高，心智也很复杂，即便只是享受一生一世一双人的关系，当然也很好。

因为知情同意的核心，是每个人都尊重自己和他人作为人的需求和尊严，不侵犯他人的边界来获得自己渴望的。

是平等、尊重、诚实和爱。

到了一定的年纪，
人为什么会扛不住压力结婚？

1

前段时间对婚姻有些新的理解。

如果把社会主流中，一个个体的一生，分为三个阶段，我们可以看到这样一些特点（以下只讨论社会主流的情况，没有讨论个例）：

个体从出生开始，就有着稳定的社会结构。从属于一个家庭。生命的第一个篇章中，每个人都有两个从属程度非常深入的社会结构：从属于原生家庭，从属于学校。而中国的乡土社会背景，又决定了人们还会从属于他们的氏族、宗亲、邻里。

这些稳定的社会结构带来的，是心理结构中一种基本的稳定感。如果把个体想象成一个个原子，因为存在这样稳定的社会结构，个体得以不用孤零零地面对巨大的社会整体。我们从这种稳定的社会结构中受益颇丰，心理上的安全感和归属感，具有一定稳定性的生活节奏，他人的陪伴和社交需求的满足（家人、老师、同学、亲属），丰富的生活内容（并不操心自己无事可做），等等。

当人生的上篇接近尾声的时候，个体离开学校、走上了社会，离开了故土家乡、不再与父母生活在一起。

此时，一种重大的变革在生命中发生了：曾经稳定的社会结构开始消失。

2

此时，动荡是人生的关键词。

职场这个社会结构，能够给每个个体带来的稳定感是有差异的。每个人的职场身份感都不同——你需要找到自己的职场身份，而不像是"入学后就会成为学生"一样理所当然，你和身边人身份感的差异化也远大于你和同学之间的差异，更不用说停留时间的不确定性。

这种稳定的社会结构的消失，会在几年的时间里，慢慢施展出它对一个个体的影响：心理结构中稳定性的逐渐削弱。一个人的个体身份感，也随着这种稳定的社会结构的消失变得风雨飘摇。可以说，稳定的社会结构是每个人的生存都需要的，它决定了我们心理上的稳定感。

但在人生第二个篇章中，每个人所拥有的稳定的社会结构，不再像第一篇章中那样自然而得，而是需要由每个人自己来创造。

人类发明了婚姻这件事,让婚姻/家庭成为一个社会结构中最小、最灵活的单位。在人生第二个阶段获得稳定社会结构的最主流的方式,就是通过婚姻形成家庭,再通过生育,重新进入到稳定的氏族、宗亲、邻里、学校这些社会结构中去。

人们到了一定的年龄,纷纷因为抵抗不住压力结婚了。这些压力,有一部分是社会关于不婚的污名,但还有很重要的一部分(在过去经常在讨论中被忽视),来自心理结构不稳定带来的自我压力感。

随着同龄人逐渐进入人生的第二个篇章,他们的生命长卷继续发展,重新被稳定的社会结构所捕获;剩下的人,越来越能够感受到渺小的个体,直面着荒渺的巨大世界的心理压力感。那是一种比孤独更深入的感受,思想家托克维尔多次谈论这种感受。它时而令人感到自己无所不能而陷入狂妄,时而令人感到被世界遗弃而绝望。

这时候人们会因为稳定的社会结构的消失而失去很多东西:失去丰富的生活内容;失去社交的满足;失去他人的陪伴;失去稳定的生活节奏。

3

一个个体有可能在不借助社会结构的情况下,获得心理上的稳定感吗?当然是有的。但需要大量的自律和深入的自我觉察。

你为自己创造出足够丰富的生活，具有一定稳定性的生活节奏，你因为非常了解自己而确信自己的身份感。例如大哲学家康德，每天下午4点钟出门散步，从未有误，邻居甚至以此来判断时间。但对大多数人而言，是困难的。

可以说，的确有很多人是在别无选择的情况下选择了婚姻。否则漫长的人生中期，始终动荡漂泊，令人心生畏惧。

但也正是因此，婚姻的确是可以被替代的。假使社会提供更多的、属于人生中期的、稳定的社会结构的选择，比如进入到类似学校，但不以教学为目的的、足够稳定的社群里生活（仅为简单的示例）。假使人们能够通过更多方式，获得足够的心理稳定感，还会有这么多的人依然选择婚姻吗？我不知道。

4

到了人生的第三个篇章，人生又进入了一个不断回归到原子状态的过程，稳定的社会结构逐步瓦解。孩子离开自己，退休离开单位，亲属过世。人们不断回归到探索"自我"的生活过程里去。

我仅仅作为我，是谁？过什么样的生活？福柯认为老年生活可以是一个充满创造性的阶段，人终于回归了自身。当然，这是一个循序渐进的结果。同理，如果在老年时期，人们有很多可以选择的稳定的社会结构，老年生活带来的心理困难也会被缓解许多——有没有一个年轻人认真想过当人真的意识到自己的衰老、能力的下降，这种感受该是多么无助。

所以婚姻，是应运而生的，有它存在的功能性。对于大部分人来说，它可能的确是必经之路。

但一个良好社会的自我要求，应该是不断成为能够容纳更多元选择的社会，它会平等地为每一个存在其中的个体提供美好生活的可能。因此，这个社会应当思考这样一个命题，如何提供更多社会结构的可能，能够让婚姻在人生第一二篇章交接之时，不再成为仅有的一个选择？

路漫漫修远，但值得每个人一起努力。

PART 3
生长

成熟就是停止幻想：
"道理我都懂，可还是离不开"

我曾经是一名心理治疗师。在从事心理治疗的几年中，很多来访者都会讲述一种"被困住"的感受，可能是被一个家庭、一份工作、一段感情。共同点是，他们都会说，道理我都明白，可是我就是没法摆脱。

这些人前来寻求帮助，本身就存在改变的动机。而他们身上，也都存在那个能够把他们带向"好的改变"的潜在魔法。

那就是"真实"。咨询的过程，是帮助来访者们一点一点愿意真实地看到"现实"，并（在大部分时间里）愿意生活在真实的现实中的过程。

有些人会说，我们难道不是一直生活在现实中么，现实如当头棒喝，看到它又有什么难呢？难道看到真实，能对现实世界造成什么改变吗？

我们就来聊为什么"停止幻想、看见真实"是如此困难，而为什么它们又是如此重要？无论什么样的"好的改变"，都需要与不够好的过去真正告别。你需要让过去停止，才有可能让新的事物发生。

而停止幻想，则是告别过去一切的开始。

1

幻想是一种常见，却不常被觉察的生存策略。

现实既包括了有形的现实，又包括了无形的现实。看见一盏灯、一张桌子、一场雪，是容易的。但看清一段关系、一个他人的想法、一段经历的影响，却远没有这么容易了。

上帝让人类的思想（思考与想象）封闭于一个个躯体里，通过"表达"才能有选择性地、有（故意或无意的）误差地呈现在外部世界中，就给覆盖于客观世界之上的无数幻影留下了空间。

有过暗恋经历的人，都能明白以下所述的体验：你感到那个人，有时还涉及其他一些人，仿佛只是现实世界中用来寄托你故事脚本的人物设定而已。你借由他们，以及他们在现实中的一些行动，开展你幻想中全套的故事。

这时，区分哪些是"非现实"的幻想，（或许）还相对容易。但当看似互动、关系都在顺畅开展的时候，现实与非现实的区分就更困难了。

每当我想起人与人之间沟通的"不可能"，都会忍不住感叹：同样的语言、同样的举动，却可以被赋予无数种不同的动机和涵义。而在当下之外，又还有无数种对未来的预期。我们看似在一条故事线上同步行走,却可能身处截然不同的两个故事里:某种意义上,所发生的也可能只是成全各自故事所需的一些对手戏。

我们每个人生活于其中的环境,都是由现实和幻想共同组成的。没有人可以完全不生活在幻影里。如果我们能够发展出一种完全阅读他人思想的能力,我们一定会惊讶对于共同事件的理解和记忆,不同的人竟然可以出现如此重大的差异。

这是因为,生活中充满了意外、失望、痛苦。每个人都有一些应对这些不快的策略,这些策略帮助我们生存下去,挣扎也好,至少没有放弃。而其中,幻想可能是被最普遍采用的生存策略之一。

从儿时开始,我们就会从幻想中获得乐趣。尤其是对于那些生活于贫乏中,现实并不能给予他们太多的人来说,幻想曾经给过他们成长必需的养料,维持着他们对自身的看法和对未来的希望(本文讨论的幻想,并不是仅指在有意识的情况下开展的"白日梦",那是一种有自觉的幻想,更多时候人们对"所发生的"的解读和记忆,也包含了许多不自知的幻想)。

幻想有时帮我们在感受中矫正了一些现实世界的不公,有时给我们提供了实际上不曾拥有的东西。有一些孩子,就在这个过程中,养成了让幻想变得很逼真的能力。以至于长大后的Ta,一部分在现实世界中,一部分始终在幻想世界里。因为这是Ta最擅长的,让生活好一点的方式。

幻想来自自身,却不一定是自知的。我们之所以会让幻想发生,是因为我们都会从幻想中获取一些我们需要的东西。更多时候幻想是双方共谋维持的。

一个屡次被伴侣伤害的人，身边的人都不明白 Ta 为何对显而易见的未来视而不见，其实就是因为 Ta 始终对对方、对关系以及对未来怀抱幻想。这种幻想，看似是维护对方，其实更多是维护了自身被爱，或者终将被爱的价值感。而伴侣也巧妙回避了，不去彻底打碎这种幻想，因为通过这个幻想，Ta 感受到自己是比自身的现实更"好"的人。

但想要区分幻想和现实也并不是不可能。你也许无法、也没有必要在每时每刻、在生活的所有方面都努力区分幻想和现实，但在那些给你带来了痛苦的事件和时刻，看见笼罩在幻想迷雾之下的现实，几乎是做出"好"决定的前提。只有在这个前提下，你的所有分析、思考、权衡才有意义，你的决定才有可能真的指向你想达成的目的。

你生命中那些给了你很多痛苦，却仿佛始终无法停止的人和事，之所以仍能继续，就是因为还有幻想在其中发挥作用。包括孩子与一些糟糕的父母之间的关系，也许你仍有幻想，你觉得虽然他们会伤害你，但他们还是爱你的。但现实可能是，虽然他们是爱你的，他们还是会不断伤害你。

人们不愿意停止幻想。停止幻想意味着面对失望，意味着承认有些事情自己无法完成，意味着一些失败与"可怜"。人们不愿意承认自己一直渴望的东西，竟从不曾有机会得到，也将永远不会得到。就像上面提到的孩子，他们仍然憎恨着父母、仍对父母感到愤怒和失望，是因为他们仍怀抱期望。

假如这些孩子能够意识到，事实就是如此，从来如此，他们会感到悲伤、自怜，却不再是愤怒和争吵。

人们不愿意停止幻想，也是因为他们对于幻想本身也抱有幻想。他们担心，一旦自己失去那一点点来自幻想的正面感受，他们会变得过于痛苦而无法承受。尽管跟所有的幻想一样，这也是由于过快地投入了情绪反应中，或者无法把情绪和认知区分开，而导致的对现实的一种误读。

2

我们为什么如此难以停下幻想？我们会采取哪些策略来维持幻想的不破裂？而这些策略是否又真的欺骗到了我们，令我们真的感到"被迷惑"的困惑？

那些长期在自己和他人之间谱写故事脚本的人身上，往往存在这样两种"自我"的断裂：

首先，他们的自身，和他们的感受之间是断裂的。一种情境明确的感受能告诉我们很多事，比如曾经无数次的自我叩问，可能都不如得到一件东西后的心情，更能告诉我们自己与这个东西真正的关系。因此，假如要让幻想有空间存在，真实的感受就是不能存在的。

他们也许会有一些难以分辨、变化多端的感受，那些多样的感受仿佛只是为了迷惑他们而出现的一样。他们渐渐觉得自己无法分辨，自己对那个事物真正的感觉是什么。

也有一些人通过整体的"尽量少感受到感受"来切断自己与感受之间的关系。他们觉得这是更加稳妥的方式。在感受并不清晰存在的时刻里，理智才有机会在空白中谱写内容，甚至调动起相应的情绪。

而这样的状态注定也削弱了他们整体的情绪敏感度与表达力，而这就使他们失去了很多（情绪敏感度与表达力与人的精神健康、主观情绪都息息相关）。

接着，他们的感受和他们的声音之间也是断裂的。声音，是我们的内在世界与外在世界交换信息的通道。当我们的声音不能忠实于内心真实的感受，我们就在自我内部完成了一次背叛以及和自身的分离。对于那些不愿意失去幻想的人来说，他们的声音没有忠于他们的感受，是因为他们害怕真实的声音会唤起真实的反应，从而造成幻想的破碎。

失去了声音的人们，就像抹去了锐角的石头，不再能刺穿任何东西。

我们无法识别自己真实的感受，在这个过程中感到对自身的模糊认知，有时因为前后不一致和无法说通，感到找不到自己，从而产生无边的空虚感。而在我们明确知道了自己的感受后，我们的声音没有忠实地传达它，而是把它阻隔在了对方不可见的自身体内。在这个环节我们已经历了一次由于没有维护自己的感受造成的内疚与"被背叛"感——尽管背叛自己的人正是自身。

自此我们可以看到，尽管幻想仿佛具有极大的能量，能够改变一个人主观感受中整个世界的模样和（自己解读出的）规律，但它的维持注定要付出很大代价。

3

在古希腊的格言中，有这样一句，叫做"关注自己"。关注，在当时的语言中，意味着这是一种辛苦、严肃的劳作。关注自己，是指和自身之间保持一种（向着自身、对自身进行辛苦劳作的）关系。

福柯在美国加州大学伯克利分校的发言中谈到这一格言。他说，"自我"这个概念，本来就不是某种已经存在的"东西"（substance）。他说"自我"的本质就是关系，是自己和自身的关系。关注自我，是一种修建"与自身关系"的实践，是指我们认真地建立与自身的足够好、足够美的关系。

从这个意义上来说，前文提到的，自身与感受、感受与声音之间的不忠与偏离，本身就是一种不连续的"与自身的关系"，是有断裂和破损的自我。

这样一个自我，往往显得虚弱，它不足够有力，无法在所有不同的情境中，都表现出自己强有力的一致性——也就是说，很多有着这样断裂的自我的人，都不能明确感受到"自己是谁"，他们对自身的形象感到怀疑，也因此感到内在没有被（确切的自我）填满的空虚。

而这种空虚，会被我们对自己的幻想填满。这样的人并不确定自己想要什么，甚至不明确自己的好恶。

事情的结果是，这些人出于对自己似真似幻的理解和把握，在无力辨别幻想与现实（或者误以为全都是现实）的现实情境中，常常做出一些自相矛盾、似是而非的决定。

他们一开始不知道幻想的存在，在他们理解了幻想的存在，以及理解了自己从幻想中有所获得之言，虽然已经感受到幻想对于决策的影响，他们还会因为感到自身的虚弱（本身也是一种幻想）不敢把幻想打破。

显然，他们需要"关注自身"，付出辛勤的努力，面向自身展开劳作，重新建立与自身的关系，从而得出一个新的自我。

4

真实和幻想到底有什么区别？真实是从"心里"感受到的，幻想是在"头脑"中构建的。你用理性、分析，填满"不知道究竟是什么"的感受的内容，其实就是在用现实的素材，谱写虚构的故事。

我们如何才能把幻想从现实世界之中剥离出来，从而让自己看清哪些是自己的幻想，哪些是真实的客观世界？

第一步，需要等待和努力构建一种更愉悦、更具支持性的现实生活。很多人误以为，新生活的开始，要在与旧生活的诀别发生之后。而事实上一种更为有效的方法，是先从有可能的地方入手找到不一样的生活、找到现实的愉悦,即便这种新的生活一开始似乎只能占据你心灵的一小部分——一大部分仍在被过去的黑暗笼罩着。

你要找到更愉悦的现实生活,它可以是朋友、爱好、食物,同时要在身边找到几个你信任的、会支持你的人。

你以为解决过去的方法是与过去缠斗。其实不然,你需要首先将视线从深渊中移开。你一定有办法,无论这个办法看起来多么需要付出代价,建立起比那种黑暗的过去更可靠和轻松的新生活,即便这种轻松暂时还显得过于单薄、远无法填补过去遗留的空洞。

只有这样,你才会有力量开始尝试相信,幻想的那个世界并不是支撑你人生的全部快乐,你才不会像一个溺水的人那样,死死捏住其实并不能改变什么的稻草。

第二步,是重新建立与自身的关系。

这一步不仅需要时间,甚至比第一步需要更大的勇气。要想打破幻想,你必须找到——哪怕只有一个——真实的东西,而在一段可能存在很多虚幻的关系中,没有什么比抓住你自身更有可能靠近真实。而打破幻想之后会立刻掉入现实世界的你,也需要一个有力的自我,不去立刻构建新的幻想,不去用旧的策略逃避对现实的处理。

我们重新建立自我的过程,是从恢复两重断裂的联系开始着手的。

第一重,是重建自身与感觉之间的关系。在畅销书《美食,祈祷,恋爱》中,作者描述过一段正是这个过程的情景。经历了离婚打击的作者，因为离婚冲击到了她对自我和生活的认知，决定从细小的事情中重新找回对自身感觉的把握与信任：我现在想吃什么？我现在想做点什么？

我们不断向内探索自身的感受，在抓到某种感受后，不因为"难受"而试图用别的感受去替换或掩盖，而是抓住这种感受，坚信它就是自身的真实。

随后，是重建感受与声音之间的关系。如果连我们自己，都无法维护自己的利益，都无法为自己的痛苦发声，如果连我们自己都选择委屈自己，我们怎么可能相信有他人可以比自己所做得更好、更多？

即便不从一个情绪性的角度讨论这个问题，声音，也是我们的内在向外界传达自身存在的渠道。某种程度上，没有被任何他者看见过的存在，和不存在是一样的。我们只有通过向外传达——无论这种传达会激发什么样的回应，我们都在传达的一刻确定了自身的存在在外部世界中的位置。

我们通过重新恢复"自身—感受""感受—声音"之间的联系，可以找到明确的作为主题的"我"的感受和意识。这个"我"，正是我们在真实中要用来依靠的，也是能带领我们走出幻想的。

当这种主体的"我"的感受充斥在你的体内，你会感到那长久以来存在的空虚感也被驱散了。

第三步，是重新审视你和那困住你的（人和事）之间的历史和当下。告诉自己，注重实际发生的动作，注意辨别自己是否给动作后面增加了自己的注解——告诉自己不要这样做。你只需要去记住和审视那些发生的事实。

此时，我相信你会产生对这一情境的清晰和稳定的内在感受。选择这个感受。然后让你的声音把这种感受真实地传达给对方，把你的疑问如实转化为声音向外传达。如果此时的你，已经有了足够的动机和足够的自尊，去选择一种真正能令自己长期幸福的可能，你就会有力量停止幻想，面对现实作出判断和决策。

你会在一开始感到很多的恐慌和怀疑。但你要相信，正在感到恐慌的你，比起从未试图打破幻想的过去的你，已经表现出了远远更大的勇气和力量。坚持此刻已经和自己内心恢复了联系的你的判断，在时间中等待这种新的决策会给整个情形带来的改变。

而当你发现，虽然决心告别了那些某种程度上让自己感到特别、有价值和不孤独的幻想，但现实并未让你就此陷入痛苦不堪。相反，现实可能让你感受到了久违的轻快。你发现，尽管心里的黑洞并未完全消失，你却有能力不依靠"与黑洞同在的幻想"继续在现实中生存下去，甚至生存得更好。

此时，你头脑中对于幻想这种旧的生存策略的依赖，也就开始走向彻底的解除了。你会发现，（听起来似乎很矛盾的）虽然在现实的人、事和关系中，存在很多、更多的限制，你却感到了更多的自由。

就像孩子，只有在爸爸妈妈制定的栅栏里随意跑动时，才会感到最放松的自由。现实的界限本来就既是束缚，也是自由。

你所渴望的东西，
是否已经开始伤害你？

生活中，我们会对很多事物感到渴求。有时是东西，有时是爱，有时是生活方式：结婚、生子、消费，等等。

渴求带来的情绪体验是矛盾的：当你开始渴求，你就建造了一个对应的"空虚"，过程中你可能会体验到饥渴、失望、满足等多种心情。

人们以为自己是欲望的主人，以为渴求是从自己本身发出的。但事实上，这个社会中存在一种"传说中的美好生活的蓝本"，我们的欲望早已被规训。

我们听说美好生活必须具备一些东西，然后因此不敢放弃自己不想要的，也不敢追求自己想要的。你以为生活除此以外别无可能，匆忙略过了一些可能真实地能让你幸福的可能性。

有时候"求而不得"不是路径的问题，也不是幸运与否的问题，而是你的欲望从一开始就给你挖下了陷阱。

我们想聊那些"本身就阻碍了你愿望实现的愿望"，聊那些

"造成自我伤害的乐观与渴望",聊它们之所以还在你生活中持续的原因,以及解决的方法。

1

渴求的本质是"乐观",有时乐观是残忍的(Berlant, 2011)。这种乐观并不是大家第一反应中的"正能量",甚至不是昂扬向上的精神状态。

乐观是什么?"乐观"曾经被劳伦·贝兰特这样诠释,她说:个体的每一个向外的渴求里,都暗含了一种"乐观"。

人们有一些"满足感"是无法由自身独自产生的。这些满足感需要唤起另外一个人、一个物品、一种场景等——在有外界对象存在的情况下,才能发生。

无论是渴求食物、衣服,还是另一个人的感情,我们渴望获得 Ta,意味着我们相信 Ta 能给我们带来一些满足。而这种相信的态度就是乐观的。

这种乐观主义不总是理性的。当我们曾经体验过某种强烈的情感性的乐观(例如曾经强烈地觉得"得到某个东西一定会让自己幸福"),而不曾真的获得那个想要的变化时(无论是没有得到,还是得到了却发现不幸福),我们的情感体验都会持续地引导我们,去回到再次面对那种乐观的场景里——这个场景能够激发同一个幻想,同时让你觉得"这一次""这件事"能够让你实现你想要的改变。

这当然可以被很老套地理解为感情问题，但这里面其实也包含了你和物质、你和某种生活方式、你和某种社会权利之间的各种类型的关系。

这种乐观主义在贝兰特眼里，有时是美好的，但有时却是残忍的。残忍是因为，有时你特别渴望的那个东西，让你把"可能性"寄托于 Ta 身上的那个对象，本身也就让你的目标和心愿变得不可能——你的渴求与你的初衷相违背。

她说，人们有时会因为能继续留在这个关系里本身感到愉悦，甚至认为自己一旦失去这个关系将无法存活，而不顾这个关系的"内容"和状态正是当下给你痛苦的东西。

她说，不是所有的乐观都是残忍的。但人们常常会发现自己处于这样的处境：它在给自己带来威胁感的同时，也带给自己确信感——这种矛盾感，往往意味着此时你就处于一种残忍的乐观性之中。

她经常举的例子是，你的婚姻伴侣出轨了，伤害了你，但你并不愿意离开 Ta。因为你觉得，稳定的婚姻是这个社会对于"好生活"的标准之一。如果你离开 Ta，这对你自身有利，但你却渴望留在这个关系里，因为你不愿意失去参与这种"关于好生活的幻想"的权利。如果你失去了婚姻，你会觉得自己好像不再有对好生活感到乐观的一种基础——你觉得你需要婚姻，因为你认为你可以通过它得到好的生活；当你的婚姻事实上已经成为痛苦的来源，你却仍然不敢放弃它。这就是残忍的乐观性。

一个女孩子，她坚持每天妆容精致，从头到脚都搭配完美，她渴望做一个漂亮的女生，但实际上每天做造型可能花去了她大量的时间精力，让她很负累——但她不敢素颜出门，不敢失去自己和这个人前"体面"的外表之间的关系。

为了结婚而结婚的人；觉得必须有孩子而生孩子的伴侣；不敢少赚钱而明明工作环境令自己厌恶的职场人士；显著感到不安、痛苦、被羞辱却继续浪漫关系的人，等等。

这种残忍的乐观性，结果就是让生活陷入僵局。

2

对美好生活的集体想象，是最残忍的乐观性（Berlant, 2011）。

当社会告诉你，好的生活必须具备一些东西：比如婚姻、美貌、财富、孩子等，而一旦这些事物本身让你痛苦，你就陷入了一种不可避免的失去里——如果你选择舍弃它们，你就偏离了社会的主流轨道，你仿佛因此失去了一些对幸福生活感到乐观的筹码、甚至就失去了一些幸福的可能性；如果你选择坚持它们，痛苦就已经在日常生活里发生。

问题是，人们为什么会选择一直待在不好的生活形式里？

维持乐观的关键是保持自己能够符合"美好生活的想象"。

贝兰特指出，残忍的乐观性得以持续的最重要的原因，是幻想的存在。我们把所有理想化的理论堆积在一起，幻想当下的一切痛苦、努力、挣扎，最终会"积累成某种东西"。

她说，当人们对未来能够有着越明确的想象时，他们就越能够忍受所有不幸福的此刻，只是因为坚信这些此刻的叠加，一定会在未来某天带来自身幸福感的提升。比如，人们放弃不愿意结婚却明明相爱的伴侣，因为觉得选择结婚一定是人生的正轨，最终有一天会因为这个选择更加幸福（比如想象中结婚能避免老来无靠）。

他们也会因为好的生活里没有书写其他的一些可能，天然地放弃了更多的可能性——他们害怕偏离蓝图，从而成为被幸福抛弃的群体。

个人的对于美好生活的想象，会受到期望造成的偏见，就比如结婚其实不能带来安全保障，不结婚也未必就不能在老年继续找到恋爱对象。一切都是未知，社会范式和传统可以把复杂降为简单，却从来都不是安全的路径保障——从此保障你的人生无虞地走下去。

很多人更愿意用传统的方式过完一生，而不是实验式的方式过完一生，就是因为社会有一个统一的"好生活的蓝图"。很多关于美好生活的幻想，已经被如此深入地建构成了"无须质疑"的事情。或者，有些个体即便尝试质疑这种幻想，也仍然会感受到它对自己的影响力——大龄未婚的人无论曾经多么洒脱，或多或少都感受过压力；那些觉得素颜一样很美的女生，还是会选择做微整形（想把自己打造成素颜美女），她还是没有摆脱"好的生活"的幻想中对女生的描绘。

人们放弃了可能性，去保证自己拥有幻想中美好生活的进场券。"他们说,山的那边有幸福。于是我和他们一起出发,归来时泪眼滂沱。"

人们追求着活成蓝图里的样子,为此放弃了诸多种可能性的探索,而实际上可能在那些可能性里,他们曾有机会真诚地感到快乐。比如学习一个冷门的专业;爱一个看上去不可思议的人;在"合适的时间"不选择结婚生子;女生不愿意变"漂亮";不花钱成为一眼看上去就是中产阶级的人。

我们因为幻想度过了许多个不幸福的日子,在僵局中苦苦坚持,反而与很多真实幸福的可能性失之交臂。

3

幻想的裂缝中,正是新的可能性生存的空间。

贝兰特还提出,僵局的出现,正是因为人们意识到,对于整个社会而言,通过那张传统的蓝图实现个人幸福的可能性越来越小了。这个集体的幻想已经出现了重重裂缝,已经不足以支撑人们毫无怀疑地一往无前。僵局是一种持续的、有什么东西正在内部被探索和即将被表达的状态。她认为我们所处的僵局,正是新的世界在酝酿的转换期。

如果仔细想一想,当我们渴望一个东西,实际上我们就是被 Ta 背后所蕴含的一系列承诺吸引:拥有它,我会变得如何如何,生活就会变得如何如何。我们真正渴望的对象,其实是这一系列的承诺——我们相信靠近这个对象，就是靠近了 Ta 所意味和承诺着的那种状态。

而这些承诺，正是幻想对我们作出的。但这些承诺，并不全是真实的，或者说，至少它们不是全部的真实。

贝兰特说，改变生活可想象的内容，重新定义什么是"过得好"，是非常重要的。

幻想难以成真。以及，过于单一的幻想，让"幻想落空"的概率大幅提升。例如，有多少幻想亲密关系会持久甜蜜、幻想"从此过上了幸福的生活"的人，因这种幻想无法实现而被伤害。

对此贝兰特提出："人们应该真诚地做出努力，去想象其他形式的关系和价值，去认同'当下'，而不是某种未来的可能性的价值。人们应该找到更多的幸福的类别。这个社会应该不要再认为财富、昌盛、积累、亲属是生存的基础。我们要找到更多好生活的可选项——为此人们不再害怕丢失'必须有的一些东西'，因为你可以选择。"

杜克大学学者何塞·埃斯特班·穆诺兹谈论希望感时说："希望感是一种，从过去不曾完结的某个事物出发，越过当下、指向未来，却保证了个体维持和度过当下的感受。"在他们的讨论中，希望感是一种能够暂时保护人们不面对当下的东西，是对当下的一种对抗和防御。这种希望感会让你和当下脱离——而幸福只会在当下发生。

真正的希望感，来自每个人都被赋予生活的更高自由，也自我赋予更多的可能性。来自人们的自我突破，放弃残忍的乐观性，学会接受自己生命中有过的悲剧，也学会从当下（而非未来）作出关于自己生命的选择。

参考文献

Berlant, L. G. (2011). Cruel optimism (Vol. 226). Durham, NC: Duke University Press.

怎么选都怕错：
如何做好人生的选择？

经常会听到一些朋友的倾诉，我把它叫作"犹豫不决者的心声"。

"有两个人追我，一个很浪漫也有钱，但是很花心让我没有安全感；另一个我知道他很爱我，但是他在外地不能经常陪我。我不是一个会脚踏两只船的人，知道自己肯定要选一个然后和另一个划清界限，可是我好怕自己选错。"

"有两份工作可以选，一个是我喜欢的文化和工作氛围，也是我有热情的工作，但是发展前景我会有担心。另一个是那种大家都会觉得很好的大厂，待遇好，但会经常加班，听说没有生活。该怎么办？"

"我在自己的专业领域小有成就，有时候会收到一些活动邀请。我隐约觉得自己有自己的路要走，不想出去社交太多，但大家都跟我说这样是不行的，对未来的发展不利。特别是我有一个特别喜欢的大学老师，我很景仰他，他也这么说。我真的错了吗？"

小瞬间

"每天我都觉得自己很忙。不管什么事情找我,我都会尽力接下来。不是因为我不敢拒绝,而是我怕错过展示自己的机会。我事业心很强,不想付出机会成本。可又真的很累了。"

"我喜欢一个人,可所有的人都反对我们,跟我说他不是好人。我真的觉得很绝望。"

事实上,人时时都活在自我与社会的冲突中。对于一个青年人来说,面临着许多人生选择要做,迷茫是一种普遍的感受。那么我们如何才能做好自己人生的选择?

1

"到底什么是我想做的事?"所意指的,是一种"远离自我"的状态。在这种状态中,我们其实不太能够感受到一个明确的"我"的存在。想象另外一个情境:此时你特别想要做某件事,例如特别想吃某件东西,特别想看个剧、出个门,等等。在这个情境中,你会清楚地意识到"我"的感受,你能够感知到自我的存在。这种"意识到自我是存在的",就是一种作为主体的"我"的感受。而在这些"犹豫不决者的心声"中,我们是看不到一个明确的"我"的意识存在的。他们用理性分析自我、辨认好坏,唯独缺席了作为"我"的一种明确的、强烈的、直觉式的感受。

这种感受不到主体"我"存在的状态,就是我所说的"远离自我"的状态。犹豫不决者,是一群远离了自我的人——我不知道"我"的感受，我在揣测"我"的想法。远离自我的状态，让"坚持自我"成为一种不可能。青年人的迷茫，正在于不知道"自我"是谁。

远离自我，往往也是自我分化程度低的表现。自我分化程度指的就是一个人能否拥有清晰的自我感，能否意识到哪些是自己的情绪感受、哪些是别人的情绪感受；哪些是自己的想法、哪些是他人的想法。自我分化程度低的人，意识不到自己和别人是不同的人、中间有明确的边界存在。他们容易因为他人的肯定而高兴，因为他人的否定而恐惧。当他人向他们灌输期待或者评价的时候，他们容易认为这就是自己的想法，也会很容易受到他人情绪的感染。而自我分化程度高的人，能够意识到自己和他人始终是"两个人"。他们经常能够感知到"我"的存在，明确清楚地知道自己的感受、自己的想法，他们较少追求或畏惧他人的评价，从而能在外界压力下依然坚持自己想做的。

自我分化水平，取决于两件事：

a. 你的家庭环境

如果你的家庭从小尊重你作为一个独立的个体，你会更容易成为一个分化水平高的个体。如果你的家人和你之间的相处不够尊重你的独立性，或者你父母本身就不是分化水平高的人，你更难发展出高水平的自我分化程度。但这不意味着你无力改变，长期来看，如果你想成为一个有能力为自己做出选择的人，你需要和家庭尝试建立边界，学着对你的父母说不，甚至反过来教育和影响他们成为更独立的人。

b. 你与自身的关系

你是否足够努力去建立与自身的紧密联系？是否经常用心体会自己的感受、想法？能否分辨自己的情绪和理性？这件事也需要你不断去尝试和练习——与自己的内心对话是一种可提升的技能。冥想，是其中一条路径。弗洛伊德曾经说过，当他在试图做一些至关重要的重大人生决定时，他会像一头扎入游泳池一样不假思索。他说这个话的意思是，我们的直觉其实知道得远比我们意识到的更多——我们当然知道，"所有与'我'有关的答案都深藏于'我'之中"。很多时候我们内心深处都知道怎么选择是对自己长期有利的，是自己真正需要的，只是我们没有意识到自己知道罢了。

一个人想要做好自己人生的选择，需要有好的自我分化水平，经常感受到自我的明确的存在，并经常处在与自我保持联系的状态中。

2

我一直想与我的读者们介绍一种新的时间观。在普遍的时间观念中，时间意味着死线（deadline），把我们的人生切割为一场又一场的竞赛。我们比学习，比工作，比婚姻。这种比赛，让我们的人生选择始终活在一种自身以外的社会价值评价中。这个社会有它不容置疑的声音，告诉我们什么是"好"的人生。但其实，除了我们自己，并没有人可以替我们做出这样的价值评价。

我小时候挑食不吃西红柿，我妈妈总会劝说我"这个很好吃的，你吃一点"，我则会义正词严（奶声奶气）地说："妈妈你可以说这个很有营养，但你不能说它很好吃，你觉得好吃是你的感受，不是我的感受。"但慢慢地，我们会开始怀疑自己的声音，因为社会用它的声音替换了我们的声音。我们被告知自己的感受是幼稚的、可笑的、没有价值的。一场又一场的竞争中，它反复告诉我们"什么是好的""要去追求这个'好'的"。在这种把时间作为竞争死线的时间观中，人们常常会有"我要来不及了"的焦虑感。尤其是，每一场不同的竞赛对人们提出的要求各不相同，例如职场和家庭的要求不同。此时，时间和自我是敌对的关系。时间把自我分裂成一个一个的阶段和无数个必须迎合的具体的要求，令自我难以应对。另一种时间观，则是把时间看成自己手上的资源。站在一个更长远的时间维度里，看待自己的一生。你来世上走一遭，手里有这些时间作为资源。假如你有一个更加长远的关于自我塑造的目标，你就可以把这些资源都用到达成这个终极的目标上去。我的前任说过这样一段话："很多人在面临选择时没有给自己一段足够的时间，比如，他们总是觉得应该珍惜时间、骑驴找马，从一个身份跳到另一个身份，从一份工作到另一份工作，人生永远是无缝衔接的。但太怕错失机会，反而有可能失去更大的机会。

而且，人的意识是流动的，如果进入到某一个工作或者环境中，就会不自觉地被改变、被影响，比如你本来想做另外一件事，但你已经在手头的事情里待了好几个月，你就很难再跳出来。更可怕的是，如果不及时地调整，就会变成一种路径依赖，慢慢地磨去了棱角，也越来越难以承担改变的风险，就这么将就下去了。相反，即便你比较艰难地生活一年，但是逐渐找到了自己的方向，确定了未来 10 年的职业和发展路径，那你之后都可以好好奋斗，相比于走弯路造成的时间资源的浪费，我觉得这一年是划算的。"

我觉得他揭露了一个真理：当你把很多人和事，放到一个更长远的时间范围里去看，这些人和事的意义都会发生变化。比如说你被出轨分手了，痛彻心扉，但放在你的一生来看，你及时止损，是一件喜事。

又比如说你选择了一份新兴行业的工作，一开始市场很小，不比那些大热的职业高薪，但你坚持 10 年，成了这个领域里稀缺的行家，你前 10 年过得普普通通，却在后 20 年有了极大的职业优势。

再比如你和你父母剧烈地争吵，你觉得改变他们的想法太难了，但你坚持在他们面前做真实的自己。5 年后，你们的关系发生了变化，他们明白了你是一个成年人。眼前一城一池的得失，常常让人魂牵梦绕或者失魂落魄。但常常用一种一生的视角看当下的人和事，可以帮你保持平静和清醒。

"其实人怎么样都可以活着，没有一个普适的、可以衡量所有人的标准。你既不应该去评判别人，也不应该用他人的标准、意见来评判自己。他人的意见，对你的参考度其实很有限。现在互联网这么发达，获得信息很容易，你希望别人给你借鉴或者是指导，其实是一种懒惰和逃避。很多情况下大家想象的'困难'都是给自己找的借口，他们需要把对现世的不满自我合理化。"人生短暂宝贵，你的时间应该用来成为你自己。花时间去和他人说明、辩论、证明、解释，都是对时间资源的一种浪费。在时间这件事上，我是一个长期主义者，我衷心祝愿你也是。

3

在这里我要借用福柯所说的："始终关注自己，像雕琢一件艺术品一样雕刻自身的存在，是人毕生的使命。"对于那些犹豫不决者来说，他们应当把注意力从这些基于外在标准的价值权衡中移开。把关注点投放在那个由于长久失联，已经显得有些模糊而陌生的"自己"身上。但这种关注的目的，并不仅仅是看清所谓的某种既已存在的"自我的本质"，去寻找所谓"最根本的欲望"。因为自己并不是一成不变的，自我是变化的，只有这种变化是永恒的。人的欲望可以是一种复杂的混合物，我们既渴望这个也渴望那个，我们本身也既是这个又是那个。这种探寻是必然要失败的。

站在那里，询问"我是什么"，是一种对于塑造自身的责任的逃避。我既是一个结果，也是塑造这个结果的主宰者。当我们把关注点放在自己身上的时候，我们同时也在塑造自己（而时间是你手中用来塑造自己的一种重要的资源）。

为了做好自己的人生选择,我们真正需要的,是塑造出一套属于自己的原则和价值标准。我们通过关注我们与自身的关系——这种关注中不止有观察,还应有选择、塑造,通过我们的行动、选择,让一套前后一致、自我认同的价值观念显现。我们回头看到自己的行动,能够信服"这"就是我们处事的原则,我们向前展望,能够相信继续依照"这"作出自己的选择。

简单来说,我们需要找到自己贯穿一生的价值观,这种价值选择的标准和原则是我们选择的。然后我们应当坚持这种标准和原则,从而让自己的人生成为一场专注的尝试,以至于到最后,它能够呈现出一种不辜负我们本心的样子。福柯说:"这种针对自己的工作,既不是由民法,也不是由宗教义务强加给个人的。这是一种生存的选择。他们这样做只是为了把他们的人生变成一件艺术作品;也就是说,他们是出于生存的美学动机才选择了这样的生活方式。人们应当关注的艺术作品就是他们自己,就是自己的人生,自己的'存在'。"没有什么容易的道路可以给这些"犹豫不决者"去走。给他们任何一种答案,都是在纵容他们逃避承担自己生命的责任。他们须得学会关注自己,选择自己,塑造自己;须得树立起自己在这世上行事的原则、追求的价值;须得与时间和解;须得明确意识到自己和他人的区别,才能走出这种犹豫不决的困境。

人生这条路,只能自己埋头往前走,他人可以支持你,却无人可以替代你。做一个与自己的内心紧密联系的长期主义者,坚持成为自己,我在此与大家共勉。

是什么让"丧"成为新的时代病?

1

"丧"的感受到底是什么?很多90后不再相信明天会更好,也不再相信只要坚持、努力、乐观,就能取得想要的未来。在2016年,"葛优瘫"是他们的生活状态,"马男"则是他们的世界观。

如今"葛优瘫"和"马男"都已经不再那么火了,"丧"的状态却一直延续了下来。经过对读者们的一系列访谈,我们总结出"丧"这种情感中所包含的复杂又微妙的内涵:

- 判断自己很大概率无法得到理想中的"美好生活"。
- 感到自身努力的渺小和无意义,因而无法对美好的未来怀抱预期。
- 这种"无法得到"并不全是自己的错,甚至很大程度上不在自己的控制中,因此隐隐怀有"不公平"的微妙感受——这种隐藏的愤怒并不指向某个特定的人,不如说是指向给自身造成巨大压力的整个世界。

- 丧并非"全无欲望"。恰恰相反,丧是因为还有所欲得到的事物,却没有途径可得。对自身当下所拥有的感到满足的人,并不会"丧"。

- 丧也是一种自我保护。因为已经预先为"自身"和"外界世界将给予自身的反馈"做出了负面的预判,把努力的过程表现得颓废且漫不经心,就能够在真正面对负面的结果时,用面无表情掩盖内心的难过——人生本来就是如此啊,我早就知道了不是么?

在某种程度上,丧是一种价值与行动失调后产生的心理状态。在价值上,对于生活在这样的世界上,对于自己每天在其中的行动,都感到并没有什么意义。单行动上,却无法停下日常的努力,"该干嘛还得干嘛",否则可能连现有的生活都无法维持。

因此,丧并不必然是抑郁的状态。丧也不必然是真的生活很糟,可能在别人眼中,这个自觉很丧的人的生活是有希望的,工作、学习、人际的功能也都是正常的。但这并不意味着长期处于丧的状态中,会对我们的生活毫无影响。

19世纪哲学家克尔凯郭尔曾把人分为"旁观者"和"行动者",他认为虽然这两种人都存在着,但真正意义上的"存在感"却并不属于惰性的、不活跃的事物;真正的"存在感"只属于面对自身的处境,并为自己做出选择和决定的人。

处于"丧"的状态里的人,既是行动者也是旁观者。自己一方面主动选择作为自身的旁观者,看着作为"被动的行动者"的自己。另一方面怜悯甚至嘲笑这个行动者的毫无希望。丧着的我们主动放弃希望感，以此逃避在希望中漫长等待的，以及希望落空时的痛苦，却不明白"希望感"本身就是"幸福"这种感受的所在。

当然丧不丧并不全然是个体的选择，我们的，尤其是年轻的90后、95后们的"丧"到底从何而来？

2

丧从何而来？

a. 失落的自我

"丧"不只是中国90后、95后们面对的问题。在经济发展更发达的西方世界，哲学家查尔斯泰勒在2001年就曾在《自我的根源》一书中提出，现代人的最典型的道德困境是意义感的丧失，或者觉得生活没有意义，缺少方向感，没有确定性。

现代人已经有意识面对"我是谁""我为何如此""我应当如何"等一系列关于自我身份感的问题，却很难求得这些问题的答案。

我们可能意识不到，它首先和"神'的失落有关。在过去，人们感到自己的生命与某些更"高大"的精神相连，这种相连带来的是人在命运面前的谦卑感，以及自身有所依靠的联结感——无论这种更"高大"的精神是爱国的、革命的、宗教的、还是道德的。即便是我们的上一代，他们也曾经从"为建设祖国做贡献"中找到生命意义的依托。

而当下的社会中，一切更"高大"的精神都显得落伍、陌生，甚至在95后的世界里接近消失。此时，我们只能从自身的意志中寻求"我是谁"的答案。

但我们自身的意志，某种程度上也是不存在的。我们看似享有为自身做选择的自由，实质上，仍然生活在"无可逃避的框架"之中。每个社会、文化，都有一套解释价值的框架，它们各不相同，但每个人都无法生存在框架之外。框架限定着哪些事物的价值是更优的。

在一个价值多元、相对均衡的框架中，人们自由选择的空间比较大。例如，利他与金钱，权力与安宁。而在我们所身处的这个框架中，金钱与权力的价值地位，远高出其他各种价值。在这种情况下，所谓自由的选择其实并不存在。因而，通过自我的选择才能彰显的"我"的意志，以及对"我"存在的认同感，也就无从建立。

找不到强烈、明确、充满意义的存在感，是"丧"的第一个原因。

b. 自我表达与服从社会机器之间的矛盾

找不到"我"的存在，如今的我们又是什么呢？

我们看到这样一个社会：那些富有的、有权力的，过着声色犬马的日子，曾经被阶层区隔造成的"看不见"，被社交媒体打破。更多人埋头苦干，努力把自己变成一架巨大的机器中"更加重要"的齿轮。可即便投入再多，与上一阶层之间的差距如此巨大而显然，以"阶级跃升"作为目标根本无法成立。此外，还有远为更多的人在互联网看不见的地方，被这个世界遗忘。

令人们感到很丧的其中一个点，是一天天到来的衰老。光这一点，就足够令人对生命感到悲观。现在的人比过去的人更加害怕变老，就是因为如今的我们并不全是我们自己——我们也是社会机器中各自位置上的齿轮。

经济和技术已经发展到了这样的阶段，传统工作世界已经快被颠覆，工作岗位的要求日新月异。如果不保持学习，变老以后的自己很可能就会不再被工作世界需要。

雅斯贝尔斯在《时代的精神状况》里写："当生命变成单纯的功能时……青春作为生命效率最高和性欲旺盛的阶段，成了一般生命之被期望的类型。只要人仅仅被看成一种功能，他就必须是年轻的。倘若青春已过，他就要努力显得青春犹在。"

但，人毕竟是人，我们"成为自己"的欲望与生俱来，并没有因为实现的难度就真的消失。我们依然渴望施展自身的意志，渴望有比"服从工作需要"更自由和更深层次的表达。这些都是我们本质的人性的部分。

讽刺的是，当社会变成了巨大的机器运转之后，它也依然需要我们这些本质的人性部分的存在。它需要我们用创意应对变化，用思考改善流程，否则这台机器的效率就会崩塌。尽管它日复一日在宏大的层面消磨着我们，在微观的层面上却依然需要我们的意志。

有着"成为自我"的欲望，却要在很多时候放弃自我，但又不能完全忘记或杀死自我——每天在体内消化着这些矛盾的年轻人于是纷纷"丧"了起来。

c. 严肃的表达已经落伍，嘲讽是新时代的痛哭

消费和娱乐，是消解社会严肃性的两种利器。我们在物质世界中或快乐或焦虑，当整个环境都变得"轻松"和浅薄时，个体郑重其事的严肃表达也就显得不合时宜、格格不入。我们鲜少发朋友圈诉说自己的抑郁、无望、无能为力，与此相反，我们"咆哮"、大笑，发展出以自嘲为核心的黑色幽默。

丧，就是在这种"轻松"的社会中，人们找到的一件安全的自我表达的外衣。人们心照不宣，接受自己的丧和他人的丧发出的信号，"你丧我也丧，大家都一样"。

这起到了几个重要的功能：一方面，它管理了自己的预期，不要对自己太有信心，也不要对结果太有期望；另一方面，当众人都处在这个状态中时，这对于群体中的个体来说，就可以不再是一个问题。它更能帮助我们把生活的不如意，归因于自身以外的东西，比如整个社会结构的问题。

更有一点，如今的我们，由于城市间的迁徙，都像原子一样散落在社会里。而社会浅薄化的不可避免的后果，是人与人之间深度连接的难度加剧。我们可以一起吐槽说段子，不表示我能把脆弱的一面托付给你。此时，一种"类社会群体"的现象就出现

了,无论是一起玩蛙还是一起丧,爆款也是因为人们比起从前,更有意愿去做"大家都在做"的事情。

在无所皈依的社会里,皈依群体文化似乎是我们获得归属感的唯一途径,也是少有的、能让我们找到一点儿身份感的方式。在这种"一致行动"中,孤独也得到了暂时和表面的缓解,容许我们有一丝的喘息。

3

很丧的我们应该怎么办?

首先,你需要避免自己从"丧"走向真正的放弃。

当你能够对自身的"丧"有意识、有觉知,能够把它放在时代与社会的层面去理解;当你能够理解你所处的"此刻",是历史的一段,它承载了过去,也将影响未来——你就已经具备了一种"历史性"的眼光。历史性的眼光,能保持你内在的严肃性,能避免我们完全被当下的社会文化消解、全然地沉入日常。

私以为,对抗"丧"、消费文化、娱乐至死带来的虚无感等一系列"当代病"的核心,就是"维持自身内在生活的严肃性"。

你不能简单地笼罩在"丧"的情感中,那将会阻碍你积极地追求你本可以实现的东西。我们每个人的自我都不是静止的,它是一个不断生长、反复被叙述的过程,具有无限的深度和无法穷尽的可能。

雅斯贝尔斯说，人不愿意仅仅活着，他要决定选择什么和捍卫什么。如果不是这样，他就是把生活当做了单纯的生存来接受，他就该听从一切（他人）代他作出的决定。

很丧的我们，也一样无法逃避这个问题。你必须作出选择，在选择中找到所欲捍卫的事物和价值——你也许终将失败，但在你放弃之前，它都不被叫作失败——然后在捍卫的过程中找到"存在"的意义。

但如果你放弃了向上的挣扎，放弃了诚恳的投入，也许，你作为人的本质将被进一步消解。你会融入到这个消费与娱乐的社会背景中去，从而变成一种只具有"客观性"的存在——你变成了时代巨大幕布的一部分。

雅斯贝尔斯这样问：他是命定了要服从那些似乎"决定了一切所发生事物"的强大力量的统治？还是终究会找到他能够自由迈进的道路？对此，我没有答案。

在这里只能用一位读者的话做个结尾——"且丧且前行"。每一代人都痛批过他们自身所处的时代，如今丧得不行的我们，却正是"更好的时代"的希望所在。

愿我们都能保持思考，保持痛苦，保持希望和等待。

这个世界为何让我们不快乐：
关于人性和去人性

1

从去年 5 月开始，我一直在思考的一个命题，是"人的异化"。

思考这个问题，是因为我见到了一些人，他们似乎已经失去了真挚的能力。他们与他人的关系没有深度，自身似乎也缺乏生命力与活力。

他们不是人性完整的人，而是与自身关系极为遥远的人。

我思考这个问题，也是因为我能够感受到我在社会上存在的方式，也在把我向着那个异化的方向推去。缺乏同情与对他人的信任，缺乏私人性的关系。

我们是如何和身边的人走到了图穷匕首见的这一步？为何变得不敢相信、充满猜疑而无法坦言？为何有这么多人感觉生活令人疲惫？为何大家都在说认识的人越来越多，朋友却越来越少？如果每个人都在孤独中期盼，是什么阻碍了我们相知相爱？

2

要说异化，就不能不说到马克思。

马克思讨论的是资本主义世界，工作对人造成的四种异化。马克思认为，分工让人与自己的劳动异化，我们不再向劳动的终极意义负责，劳动不再使我们感到创造的快乐。劳动变成了被迫的、无意义的、机械的劳动，从而使人与自己的自由、自主的活动越来越远。人变成了劳动的"一个环节"和"一种手段"。

我们沦为机械。有时我们所从事的工作还会反噬我们，当我们压抑和改造自己，以适应这种劳动的需求时，我们扭转和改变了自己作为人的自身。那些无时无刻不处在工作状态中的人，在这样的异化中投入得如此之深，以至于再也回不到过去那个仅仅作为私人性存在的、拥有完整人性的自身。

在现代社会，异化是大多数人的宿命。

人不再是完全的、人性的人，而变成了"奴隶"。我们是工作的奴隶，与自己的创造力隔绝；我们也是欲望的奴隶，我们的欲望也被异化了，是消费社会灌输给我们的虚假的需求。我们盲目追求机械的占有，用异化的欲望安慰异化的自己。

在情感和两性关系中，我们的体验也在被异化。模板式的两性关系是主流认可的。那些对抗异化的、追求独特真实的体验的人，被边缘化。

异化是这个时代让我们变得不快乐的源头之一。

在这种状况下，如果想要过得更加幸福，或者让自身的生命充实、满足，对抗异化是必需的。对我自己来说，我选择尽可能切断与时代宏大叙事的联系，隔绝更多人，建立和维系一个足够小、足够深入、足够私人的人际圈。我也尝试用新的方式面对工作，建立新的工作伦理。

马克思以及他的信徒弗洛姆认为："有一种更优的社会形态，能够让人克服异化、复归人性。在这个理想社会里，人以一种联合的方式而不是竞争的方式来进行生产，人能真正成为自己生活的主人和创造者，从而使自己的自由和创造性得以恢复；偶像被摧毁，人不再生活在被偶像蒙蔽和奴役的状态中，从而获得真正的个性自由。"

我并不知道这是否真实，但这是我想要尝试的方向。

3

我们应当过一种更为人性的生活，立足于自身的内在力量，通过创造让自己和世界发生关系，在一种创造的过程中，享受生活。

按照弗洛姆的说法，"生产性的人"才是人的本质之所在。"只有在生产性的活动中，人才能使人生有意义，虽然他在这一过程中享受人生，但他并不贪婪地想保住这人生。他戒绝了占有的贪婪欲望，他已被存在所满足；他是充实的，就因为他是空虚的，他之所以享有许多东西，就因为他没有多少东西。"

比起物质性的占有，马克思和弗洛姆认为，发挥自己的潜能更能带给人存在的满足感。

我们值得一种更为人性的生活，我们与他人生活在爱中，我们与对方的关系是深入的，是好坏参半却能够彼此包容的，是真实的。

我们无论在关系中、还是在工作中，始终能感受到自己的意志，始终能感受到自己在创造中的自由。

我们值得一种更为人性的生活，因此应当为了尽可能保有自己的人性来安排自己的生活、处理身边的关系。与人的异化之间的对抗或许会贯穿我们的一生，但始终值得为了成为一个更完整的人维持足够的警惕、付出相当的努力。

我祝愿我自己能够始终是一个人性的人，我把这个祝福也同样地送给你。

你从哪里来：关于友情和故乡

> 我回到我的城市，熟悉如眼泪，如静脉，如童年的腮腺炎。
>
> ——《列宁格勒》

1

这个周末我回到位于浙南的家乡小城，看望一个好友和她刚出生不久的孩子。

严格来说，我只有 12 岁以前在出生地，随后家人随着我的升学换了好几座城市生活。

我是在到了纽约之后，学校老师让我们思考"你从哪里来"这个问题时，才开始思考"故乡"这个概念。

你出生、生长于其中的故土、背景、文化、习俗等是一个人自我身份中非常重要的一环。你可能曾经讨厌它们、反抗它们或者没有意识到它们，但当你深入了解它们，会发现仍然能在很大程度上解释你为什么是现在这样一个人——无论是相同或是相反。

故乡这个词,只出现在已经离开那个地方的语境中。因而"故乡"是一个超越了地理意义的概念,它是一个地域加上你关于某时某地的这个地域的记忆,是似真似幻的某种结合体。

我的家乡是一个不太有人知道的小城市,因为依山傍水而富饶。这里的文化综合了儒释道三家,小时候我分不清寺庙和道观,因为我们都是一视同仁地进去跪拜。

大唐时期有一位有名的隐士寒山子,身后留下寒山诗集。他曾经在家乡的天台山隐居70多年,与国清寺诗僧拾得结下深厚友谊。他们与人无求,与世无争,纵情山水,被后世称为"寒山拾得、和合二仙"。这二人也是同时受到儒释道三家文化影响,有语曰:"看彼貌,道耶、僧耶、隐耶、儒耶?"

相传两人有这样一段对话。"昔日寒山问拾得曰:世间有人谤我、欺我、辱我、笑我、轻我、贱我、恶我、骗我,如何处治乎?拾得曰:只要忍他、让他、由他、避他、耐他、敬他、不要理他,再待几年你且看他。"

这段历史文化背景,和我耳濡目染感受到的家乡是一致的。在这个远离庙堂的山海水城,人们努力过好自己的生活,热情的务实与清冷的傲骨并存。

北大社会学系的渠敬东老师曾经在谈黑格尔的《精神现象学》时说道:

"人一辈子,其实他学的东西、他精神和身体的成长就相当于一部世界历史不断展开的过程。一个人就是一个世界历史不断演绎的过程。在这一点上,每个人的成长和历史的成长是合一的。"

当我们开始用一种陌生的眼光、不加批判地重新审视自己的故乡的时候,我们就能更深地理解"我从哪里来"这个问题。而仅仅是这种思考就是极为有益的,我们会在过程中更清晰什么是自己认同的、什么是自己反对的。

就像诗人艾略特曾经写的:

"We shall not cease from exploration, and the end of all our exploring will be to arrive where we started and know the place for the first time."

"我们不必停止探索,而我们的全部探索的结局,将会是重新抵达那个我们最初出发的地方,然后第一次真正开始理解它。"

2

我这次回来探望的朋友,是从襁褓之中就在一起玩耍的朋友。我们两家当时是前后栋楼的邻居,后来又在一个班上小学。

小学毕业后,我越走越远,她则一直留在老家,成了一名小学老师。她拥有的,恰好是我小时候梦想中的生活和梦想中的职业。

小学毕业后,我们见面的机会并没有那么多,可能一年只有一次,也再没有过共同的生活。可我们之间的感情始终真挚。我在纽约的时候,一度因为课业和临床实习的压力陷入低谷,也不愿意和其他人说。

远在家乡小城的她,似是感受到什么,在那一整年的时间里,每天都会在纽约的早晨时间给我发一条"今天早上好。"然后发一些班上小朋友的趣事、照片给我。那一份极为坚持的关怀,我永远铭记在心中。

也是她让我明白,真挚的友情,和任何一种爱一样,它的本质应当是关心和付出。

两个人仅仅因为志趣相投而享受彼此在一起的时间,或者彼此都为了满足自己打发无聊的需要而相互陪伴,这样的友情就像无法被称为亲密关系的约会关系一样。

友情是,你非常希望那个人过得好,你知道 Ta 对你也是一样。对待好朋友的方式,或者说,任何名义的爱的表现方式,都应该是想要为 Ta 付出一些一般不会付出的时间、精力、心情、金钱等,是在 Ta 生命中重要的时刻尽力出现在 Ta 身边。到了一定的年龄之后,朋友就不再是用"经常聊天"或者"总在一起玩"来表达了,取而代之的是忙里偷闲的牵挂,是雪中送炭的意愿。

人到了一定的年纪,有了一种"回头看"的心境:人回头看时总是能够看得更分明,哪些是真正值得珍惜和付出的人事。有一些人比另一些人更不值得,也有一些人比另一些人更值得珍惜。我常常觉得自己现在已经是带着一种回头看的心境过生活,眼下正在发生的事,看似纷纷扰扰,一旦能用这种眼光去看,就能变得明晰而淡然。你的情感很珍贵,不要随随便便抛掷。

"君子之交淡若水，小人之交甘若醴。彼无故以合者，则无故以离。"那些无缘无故接近相合的，也必会无缘无故地分离。

我十分满足、常常感恩自己有这样几个好朋友。我的前任几天前给我发来"抖音神曲"，唱的是："此时已莺飞草长爱的人正在路上，我知他风雨兼程途径日暮不赏。穿越人海，只为与你相拥。此时已皓月当空爱的人手捧星光，我知他乘风破浪去了黑暗一趟。感同身受，给你救赎热望。"

一时间我想起了10年来，我们在对方困顿的时候，跋山涉水远渡重洋的那些次相见。

对于那些没有能力为他人付出的人，我同情他们不幸的遭遇。因为他们永远无法体会到真正的情义，也永远无法拥有真正的爱。

3

大概5年前，我写下这样一段话：

"常常在想，其实不是所有人的生活都是像我——好像永远为了到下一个地方去。'现在'对我来说，可以不如意，可以辛苦，可以勉强，因为我知道我会离开。过去20多年也确实这样过来了，从一个地方到另一个地方，不知道停下来是种什么样的感觉。

但我现在发现，有一些人的生活，好像只是为了生活本身。不为了得到什么，也不为了去往哪里。从起床到休息，有着生活的节律，和家人一起，没想过要离开。他现在的生活的样子，就是他最终想要的生活的样子。我此刻尚无法完全理解。"

回到老家,看到这里有很多这样"不为了到别的什么地方去而生活的人",从前我认为这是我最不希望变成的状态。我还有那么多地方没有去,还有那么多可能想要去争取。突然有些突兀地想起了远在纽约的曾经的治疗师 Dr. K。

想起我曾经跟他说,我希望我们之间的关系至少维持 10 年,如果可以的话我希望是永远。他十分冷静地跟我说:"Wishes can change.(愿望是会改变的。)"

后来在第 6 年结束的时候,我离开了和他的治疗关系。"Wishes can change",人的愿望是会改变的。在很长的一段时间中我没有意识到这件事,既没有意识到自己的愿望会变,也没有意识到别人的愿望会变——很多时候人都是这样把自己困死的,把当下的当成了永远的。

也许我的愿望会改变,也许它正在改变。

在直面动荡的时候，
人才会意识到没有归属的可怕

我是从 22 岁开始在纽约读硕士的时候，忽然开始意识到"家乡"这个问题的。刚开学不久，有一位老师跟国际学生开欢迎会的时候，聊到了说英语的"口音"问题。

她来自澳大利亚，说话的时候有着明显的澳洲口音。她跟我们说，她从来没有试图纠正过自己的口音，让自己听起来像"纯正"的纽约人。她说，对她而言，口音是自我身份的一部分，它代表着"我从哪里来"。

"你从哪里来"的这个哪里，不仅仅是地域上的所指，还包括了你在其中生长的习俗和道德。我被老师对于"自我身份的源起之处"的骄傲所打动。从那时起，我意识到了与"家乡"有关的一系列问题。

我开始思考自身是从哪里来？开始重新重视和审视家乡，也思考"家乡"为何在许多年轻人的注意力范围里都是被轻视，或者是被忽视的。我们很少强化自身与家乡的连接，这种状况下，中国的年轻人失去了些什么？

1

中国绝大多数的中青年人，都不是在真正意义上的"城市"里出生的。

我出生在中国南方一个海边的小乡镇。在我童年的记忆里，日常生活中需要打交道的人，全部都是与爸妈认识的。无论是看病，还是买衣服，或者吃饭、去银行。这与城市生活中的"人脉"或者"特权"是不一样的事情。在小乡镇里，每个人的生活似乎都是这样开展的。

由于有山有水，大多数人的生活过得都不错，菜场里卖的都是当天打捞的水产，有时候还有山上打到的蛇。一年四季，是随着饭桌上不同的食材推进的。另外就是传统节日了。端午要吃食饼筒（一种把各种菜先做好，切成细丝，包进面糊的薄薄的饼皮里吃的食物），冬至要吃擂土圆子（一种糯米团子，在看起来像沙土的甜味粉末里滚一滚再吃），清明要煮好一碗碗的饭菜带上山祭祖，然后回去吃掉。

白事（家里有人去世）也是相当热闹的一种特殊的时节，摆开酒席，请亲戚朋友与和尚们一起吃饭，然后敲锣打鼓，中国和外国的乐队都有。还有各种花车、纸扎的物件，排成一个一个方阵，拖开长长的队伍，然后缓缓游街。春节就更不用说了，氏族里所有的人聚在一起。还有很多我不懂的日子，会被家人带去到寺庙、道观和祠堂里。

在孩子的眼里，乡镇的生活是无趣的。当我生活在家乡的时候，我们那里连出租车都很少有，父母会叮嘱不要坐，因为是"外地人"开的，不安全。不难想象乡村生活是多么日复一日、范围狭窄、毫无"自由"。儿时的我更是无数次抗议能否不去亲戚家枯坐，希望能自己留在家里看电视、打游戏。

到了少女时期，我随父母搬迁到了一个国际化大都市里生活，这里有超大型的购物中心，不计其数的电影院、美术馆，大型的游乐场。这里的孩子都能张嘴说出各种大牌的名字。我在这里开始过上了不会有邻居来走访、生活中充满陌生人、办事依照规章的城市生活。

当我逐渐融入城市，开始拥有了一种"城市人"的身份之后，我返乡的次数逐年减少，我对故乡也开始有了一种手足无措的陌生感。在后面的很多年里，我只觉得老家是个极不便利，又充满了人情麻烦的地方。

城市是属于现代的，而中国的现代化是崇拜西方的。城市中的很多人，都不自觉地认同了西方个体主义和消费主义的文化。我们觉得分工细化的陌生人社会是文明的、先进的、发达的，西方品牌的溢价是值得被消费的。相对应的，熟人社会在我们眼中充满了蒙昧，是思想落后的代名词。离开小村，去大城市奋斗落脚，曾是一代人共有的美梦。而当他们如愿之后，接受了西方文化的教育的这群人,开始对故乡怀有一种"高人一等""不愿为伍",或至少是"无法融入"的疏离感。

可以说,许多中国的年轻人,不但与他们的"身份之源"是没有连接的,更有许多人终其一生,都在努力试图与那个源头划清界限。

2

我们为什么要成为"城市人"?城市,究竟会给我们的自我身份带来些什么?

对城市身份的向往,与对于"西方"的认可和仰慕是分不开的。西方,至少在那一代人的眼里,代表着更先进的技术,更细化的社会分工,更高的经济水平。人们对于"洋气"的追求,和对于"土气"的厌恶,与整个社会迫不及待、甚至是极端地追求以西方模式为标准的"现代化"直接相关。

此外,现代的西方也代表了一种"人人平等"的新的道德观。人们依据统一的规章和法律行事,比起需要考虑"不同的人情关系"而揣摩自己的做法,这种新的方式无疑是更简单的,尤其对于涉世未深的青年人来说。在乡土社会中,人与人之间的处事规则不是一成不变的,需要考虑到亲疏关系、伦常地位,做出谨慎而圆滑的处理。熟练掌握了这套伦常要求,便是"得体"。

而很多年轻人,都把这种"因人而异"的处事准则,等同于

"虚伪""世故",或者至少是"多此一举"。城市人的身份,便也是与这种"老旧""不公平""不诚实"的道德决裂了。

当然,城市人的身份,更代表了一种"靠自己赢得世界"的可能性与理想。青年人意气风发,相信有限的生活束缚了自身的"可能性",他们渴望新的东西——不知出于何种原因相信"新的就是更好的"。我们父辈、祖辈,经历了国家两个追求生产力高速发展的特定的历史阶段,很长一段时间里,我们国家的历史阶段(包括当下)都号召人们拥有突破平庸的梦想。我们没有学会如何衡量自己究竟希望在世界中站一个什么样的位置,更没有学会安于平庸。

每年,都有不计其数的人,和我一样从乡镇来到城市生活。城市五光十色,光是高楼林立的样子,就能让人感受到它的伟大。但在这个过程中,我们究竟付出了什么?

3

无聊感、空虚感、单调的重复和疏离感,冷漠与孤寂感。

"原子",是托克维尔提出的,描述民主化进程中,现代人生活状态的最形象的表述。如果说,曾经,我们是通过不同的氏族、不同的民间社团,与更大的社会系统发生联系,而建立在陌生人关系之上的城市中,是一个个极端孤立的个体,直接接触着极端巨大的社会系统。在一些时刻,我们感受到城市这种组织方式的伟大,另一些时刻感受到它带给自身的压迫。

渠敬东老师曾经谈论过这个问题，他的观点，几乎重写了我关于童年和家乡的所有印象。他非常重视"乡村"，他甚至提出，"乡村是当代精神危机的疏散和化解之地"。

当代人的精神危机，也许可以归结为"孤独"二字，我们心中无处归属，而把孤独演绎为千变万化的形式：否定的、空虚的、重复的、极端娱乐的。而在乡村的伦理中，恰恰有很多用来对抗这种孤独的东西。

比如，渠敬东老师谈到祭祖和祠堂的意义。他说，在乡村里，一个人是从他的祖先那里延续下来，他知道自己的谱系、祖先的故事，他自己的血脉也会用同样的方式在未来绵延不绝。人在这样的生活状态里，不是一个与他人完全隔离的存在，而是很多人的生命和生活中的一个环节。我想，人在这样的状态里，才会把同族人的利益看成自身不可分割的一部分。它在很多年轻人的看法中，就是一种麻烦的东西——为什么不和他们划清界限算了？可另一方面，也避免了人陷入一种孤绝的寂寞感中去。

渠老师说："当一个社会真正遭遇到危机和动荡的时候，人们才会意识到没有归属的可怕。"在乡村生活中，人们互相照顾，这既诞生了无尽的矛盾冲突，却也的的确确一直是很多人度过困境的路径。人们觉得小家之外还有延伸的亲戚大家庭，此外还有氏族，还有村落。他们既有义务照拂他人，也有权利向他人求助。

老师说的一段话非常打动我："今天的人，只靠自己去赢得世界，其实，最终绝大多数都是输的，懂得一点点体制构造常识的人，甚至懂得一点点概率知识的人，都知道这个道理。

光凭自己去赢得世界，最终痛苦总是大于快乐的。在人的一生的不同阶段中，总有失望、担心、焦虑和兴奋，一个人总是渺小的，抵抗不住那么大的体制，也无法适应所有的变故，而在这里，在一个人遇到困难或人生重要阶段的时候，总有神啊、灵啊、鬼啊陪伴着你，有祖先在那里守护着你。让你在生老病死中心安，让更多的人帮助你。很多人讲这是迷信，而我却觉得这是人性使然。人有敬畏，才有安全感；人有依恋，才有归属感。

在城市中，我们孤独地面对整个世界，似乎有无穷的力量。可是等你失恋的那一天，等你失业的那一天，等你生病的那一天，等你面对死亡的那一天，你才有可能真正明白，在这个世界里过活，不能仅靠你自己。"

4

在北大上学的时候，我很喜欢教人类学的朱晓阳教授。去年他和我说，要带着十几个研究生同学去云南的一个乡村修庙。这个乡村我是知道的，叫"宏仁村"，是晓阳老师的故乡，也是他几十年如一日，研究和守护的村庄。

这个村庄位于昆明市，这些年，晓阳老师为它拍摄了两部风格迥然不同的纪录片，一部叫做《故乡》，另一部叫《滇池东岸》。这两部片子都是讲述昆明的城中村改造的。这座村庄是无数中国村庄的缩影,它不断地被城市化伤害,乃至吞噬。村庄几度险些被拆,可村庄里的人,还有过去的道德、风俗、伦常,也一直在对抗着城市对它们的入侵。

《故乡》是一部长达四个小时、没有背景音乐的纪录片,大量的对白都是当地的方言。我上大学时看了它的首映。老师说,他们试图用一个一览无余的视角去看这个村庄。一开始,我们觉得他们的生活是悲惨的,脏乱,还随时可能失去,可两年的拍摄过程中,我们不断发现,在当地人看来,他们的生活是很灿烂的。

"在我们看来他们的生活是痛苦的,但他们仍然在生生不息地努力,也总是能够抓住一些能让他们站得住脚的东西。"

距离那时,已经过去了七八年的时间,我现在对于老家、对于更多人的老家的理解,很接近老师当年说的这句话。曾经觉得"虚伪"的人情往来,如今在我眼中却很有一种"用心"的温度,也再不觉得在老家无事可做的时间是无聊的。

因为越来越长大的我,已经慢慢明白,生活的模样并不是如儿时所想,始终充满了延续性的快乐的事项。生活是断裂的,大多时候被乏味的事项占据时间,是充满挑战和困境的,好事是令人意外的。而当城市里的我为生活所苦的时候,回头却看到家乡的人们理所当然地承受着并不乐趣横生的生活——仿佛无论怎么样,生活都能够延续下去,并始终有灿烂的东西会时不时地发生。人最终都是在有限的范围和内容里生活的,而安于一方小天地,本身就需要智慧。

那可能就是那些几千年来的传统赋予人们的东西——它让人相信生命始终可以延续下去。

还记得当时，老师跟 20 岁一脸懵懂的我说，观众看不懂也没关系，他们今天不理解，明天不理解，但早晚有一天他们是会理解的。我远游多年，终于开始学会从身后那一小片故土汲取力量。

尊重与尊严：关于自我的一则

我在工作和生活中，普遍地感受到，我们对"尊重"这件事谈得太少了。人们生活中大量的困境，都是因为"尊重"的缺位：不尊重自己、不尊重他人、接受他人不尊重自己。

我们从小到大的教育中，也很少提到"尊严"这个词，没有人告诉我们，我们应当有尊严地存在、生活。很多人不明白，为什么尊严必不可少。

1

先说说尊重吧。

尊重有许多种表现的方式，包括承认个体的需求、寻求个体的意见、使用敬语等等，但尊重的本质只有一个，就是"允许个体拥有自主选择自己生命发展的自由"。而不尊重的方式也有许多种，本质却都是"剥夺了生命个体自主选择的自由。"

孩子被父母安排人生，父母抱怨孩子不懂自己为了 Ta 好，为此伤心——这是没有尊重他人，还因此伤害了自己。

孩子被父母的痛苦绑架，继续投入被父母安排的人生——这是允许别人不尊重自己。

允许自己留在糟糕的亲密关系中，漠视、否认自己的需求，底线一退再退、总是原谅对方——这是连自己都没有学会尊重自己。没有学会尊重自己的人，往往能激发他人心中恶的一面，可以说，他们教会了他人可以用不尊重的方式对待自己——所谓的"圣母"反复遇渣男，本质不过如此。

当我们需要判断一件事是否应该继续，一个人是否真正值得，我们都可以把这个问题非常简单地变成：在这件事中、在这个人和自己的关系中，自己是不是被尊重的？

比如说，对于浪漫关系而言，一个你爱慕的，却对你不怀同样感情的人，可能依然是值得的。但如果 Ta 利用你对 Ta 的情感，无论是通过直接的欺骗操纵，还是晦涩的隐瞒暗示，就是一定程度上剥夺了你自由选择自己命运的权利——Ta 没有清楚地让你知道你的处境（Ta 对你并没有同样的感受和感情），你原本可以更自由地做出选择。

出轨也是一种典型的不尊重。一个人的确可能诚实地对之前承诺的对象失去了爱情的感受，也的确可能自然地对承诺之外的另一个人产生了情感或性的吸引感——这令人难过。

但倘若仅止于此，我们需要批判的只是这个人对承诺的不遵守。而更大的伤害来自，当 Ta 开始想与另一个人发生情感或者性的关系的时候，Ta没有第一时间告知你全部的信息，没有赋予你在那一刻本应具有的选择的自由——这才是出轨事件最伤害个体尊严的所在。

当你问自己是否应当离开一个人的时候，比起问自己"Ta对我有感情吗？Ta喜欢我吗"，问自己"Ta尊重我吗"，可能会是一个更有效率的方法。

2

尊重为什么如此不容妥协、必不可少？因为只有被尊重，我们才会有尊严感。尊严，和拥有多少财富、处在什么样的社会地位，完全无关。尊严和尊重一样，它只关于一件事：我们此刻是否拥有选择自己生命的自由。

而尊严，是存在感的基石和前提。尊严本是生而为人，每个个体都天然有权拥有的。只有我们感受到自己是有尊严的，我们的生命是有空间供自己自主选择的，我们才会感受到"我"的存在。而只有活在存在感中，才有幸福感的可能。缺乏存在感，我们会感到空虚、无聊，对当下找不到意义，即便过着外人眼中很好的生活，却依然痛苦难耐。

我们可以为他人付出很多，而唯独尊严是一条不可退让的底线。我们偶尔都会有不被尊重的体验，但如果长期处于不被尊重的处境中，尊严就会被破坏，甚至被完全磨灭。此时我们不再知道自己作为人存在的意义。当尊严缺位，痛苦是必然的。

而最长期、最难以改变的不尊重，是由那些从未学会尊重自己的人在体验的。这样的人无论达成了怎样的成就，总是会给自己制造出不被尊重的处境来，反复体会尊严的被磨灭。所以说，从小教会孩子尊重自己，对他们的一生至关重要——而要想做到这一点，父母身教胜于言传。

这就是为什么，对于那些被伴侣虐待的人来说，为了孩子好而委屈在这段关系中，恰恰是对孩子的伤害。对于这些人来说，你们能够给孩子最好的教育，就是以身作则，在他人不尊重自己时，保护好自己，离开这样的关系和处境。

事实上，在这个时代追求一种有尊严的生活，是有困难的。"内卷"是2020年的一个关键词，996也好，"中产阶级"标签下的消费绑架也好，我们中的很多人都感到自己或多或少缺失了选择自己命运的自由。

但也正是因此，我们更应当强调：我们的内心是如此珍贵，故而应当无比小心地守护它，守护尊严，守护存在感。

你现在活得有尊严吗？如果不足够有尊严，你意识到你有选择给自己换一个处境的自由了吗？意识到自己有选择的自由，就是你学会尊重自己的开始。

小瞬间

"我很不开心,但张开嘴却只说出没关系"

如果你是一个女生,你有没有过这样的时刻:

- 在明明想说不要的时刻,你说,谢谢。
- 在明明想说别走的时刻,你说,没关系。
- 在明明想表达负面意见的时候,你微笑点头。
- 甚至在明明想说真讨厌这样时,你还是勉强自己说,OK。

这样的时刻,在心理学家卡罗尔·吉利根(Carol Gilligan,曾与著名心理学家埃里克森一同在哈佛教心理学)的研究中,就被称为是一个女人与自身分离了的时刻。你的声音并不属于你自己。你的表达并不忠于你的内心,甚至,并不来自你的内心,它来自别的什么地方,来自他人的需求和期待。

吉利根(Gilligan, 1982)说,在这个社会中,男人和女人是分离的,女人和她们自身也是分离的。男人以为自己懂得女人的感受,实际上相差甚远。而女人自己,也仿佛无法始终一致地感受和表达自己到底是什么。

我们来聊一聊女人和她们自己的声音。

1

女性似乎觉得,维持关系是她们的一种天职。吉利根(Gilligan, 1982)曾经做过一个关于权利与责任的研究。在这个研究中,她选择了背景类似的144位男女组成配对,年龄分别为6—9岁,11岁,15岁,19岁,22岁,25—27岁,35岁,45岁,以及60岁;每个年龄组里都有8名男性、8名女性被试。

这些被试被询问了四个类别的问题。分别是"你觉得自己是什么""你觉得道德是什么""当面对道德矛盾时怎么办",以及研究者会给出一个道德两难的情境请他们作判断。

这个道德两难的情境是关于偷药的。一位男子的妻子病危,现在需要服用一种药物,药店里有这种昂贵的药卖,但是男子没有钱。不偷药妻子会死,偷药男子会进监狱。此时男子是否应该偷药?

其中11岁的女孩艾米和男孩杰克,在回答这个问题时给出了不同的见解。男孩觉得应该偷药,因为这可以被看成一个可计算可推理的问题。偷药的不道德,小于见死不救的不道德。相信法官也会酌情考虑。女孩却始终没有正面回答这个问题。

女孩反复说,偷药是不应该的,见死不救也是不应该的。药店的主人在这种情况下不主动帮忙是不应该的。他们应该一起协商,一定会有好的其他办法。而且就算偷了药,男子进了监狱,妻子就算醒来可能也会很不开心。

吉利根说,女孩的表现,在传统心理学家的眼中,就是一种逻辑性、理性思维发育不够好的表现。但吉利根却觉得，这是因为女孩始终看重对于关系的维护，也相信通过关系去解决问题。

此外，艾米和杰克，在回答"当'对自己的责任'和'对他人的责任'发生冲突时，应该如何选择"这个问题时，男孩说，应到对他人尽 1/4 的责任，对自己尽 3/4 的责任，因为在你的决定中，最重要的因素应当是你自己，你必须考虑到其他人，但还是不能让自己完全受他人支配。

女孩则说，对于那些陌生人，可能你要完全把自己摆在首位。但对于你真正爱着的，如同爱自己一样爱着的，甚至是你爱 Ta 胜过爱自己的人，你必须决定什么是你更爱的东西，哪个人，哪件事物，或是你自己。

可以看到，男孩在用数学和逻辑的方式解决问题，他的思维中主体是一个个体。而在女孩的表述中，她始终站在关系的角度上思考问题。

吉利根说，女性似乎始终挣扎着，极力避免作出会破坏关系的选择和决定。她认为，在一个出现了冲突的情境中，女性会更看重不要造成关系的破裂。因此，当内心有拒绝、否定、甚至只是反对的意见时，女性有更大可能会考虑说出它们可能对关系造成的危害。

显然，这个社会并不重视"看重关系"这个品质。社会对于这种品质的评价是负面的。它被看成不够理性、不具备明确的逻辑能力、不够符合现代社会对一个独立自主的个体的要求。

不仅是"看重维护关系的可能"，关系还直接影响到女性对自我的认识和评价。研究者说:"对许多妇女来说,亲密关系的破裂,最终并不仅仅意味着关系的损失,而且也被看成更贴近自我的某种东西的全部损失。"因为女性会更容易觉得自己有维护良好关系的责任,当关系变得不尽如人意之后,女性的自我评价也会受到严重的影响。

害怕关系的受损,是我们放弃了自己的声音的第一个理由。

2

在"无私"的道德压力下,女性渐渐失去真正的自我。吉利根在她的研究中发现,青春期的女性和成年后的女性,在"发出自己的声音"这件事上存在很大的区别。

在青春期,女性有着极大的勇气去真实地说话。但随着青春期晚期的到来,女孩子们开始接触到社会上对于女性的普遍认识——这些认识未必与她们自身的经验一致。比如青春期时没有想过关怀他人是自己的责任,成年后却发现女性的职责中,关怀是很重要的一项,即便不是生活上的,也是精神上的。

每个女孩都无可避免要走过这样一段路,而后她们或许还会遇到一些男性,这些男性看起来强大有力,他们用言行造成了她们的自我怀疑。仿佛她们就应该是无知的、依附的、礼貌的、关怀的,才是正当的表现。

自此,女孩们自身的经验,和社会上普遍认为的关于女性的事实,无可挽回地开始了分裂。女性开始变得沉默,她们开始不确定自己知道的事，她们的声音开始更多用来伪装自己，让自己看起来符合社会的道德，而不再是连接她们内在世界与外部的通道。

这个社会对于成年女性的普遍认识中，还有这样一条，"母性的关怀应该是无私的"。甚至对于我们上一代来说，"女性的关怀就应该是无私的"。当任何一个个体处在无"私"的状态中，她们如何能够为"自己"说话？私是不存在的。我们看到很多上一辈的女性，过着沉默的日子，就仿佛她们并没有声音，也完全没有欲望。

因为社会对于女性的这种道德标准，女人可以分分钟做到自我放弃与自我背叛。她们留在关系中，不断妥协，将自身随意抛掷。对此，吉利根说，当女人被"爱"的名义捆绑在关系中，这就如同人们用道德和正义来掩饰暴力和越轨一样。

因为女性害怕"自私"的罪名——女人太容易被评价为自私，甚至连生了孩子要继续工作，都可能被贴上自私的标签——她们在进行关于选择的思考时，很少能够真正认识到这是不是自己想要的东西，因为她们会同时考虑太多方面的因素，例如和关系相关的、和社会评价相关的。

到最后，她们难以分辨那些"被普遍当成事实"的东西，是否就是自己真实的感受。比如，一个快30岁的女性，她是真的感受到焦虑，还是大家都说大龄未婚所以自己内心也会开始焦虑？当与男朋友在一起时，自己化身为的那个温柔的关怀人设，是不是自己真正想成为的？

而单身的女人到了一定年纪，也会感受到单身这件事本身就是一场革命。因为"无私"的女人，是不能够仅仅作为自己活在世上的。人们对于大龄单身的道德评价中，就有"过于自我"这样一条。

于是渐渐地，她们忘记了自己年少时的感受和声音。

"无私"的另外一个问题在于，它限制了女性的欲望。一个没有自己的人，是不能有欲望的，因为欲望是"渴望某种满足自己的东西"。

心理学家扎森（Sassen，1980）曾经在研究中指出，女性在竞争中更容易"恐惧成功"，尤其是面对直接的竞争时（直接竞争指的是，一个人的成功直接以另一些人的失败为代价）。她们对于这种成功存在深刻的认识，认为这种竞争的胜利，需要付出巨大情感代价作为补偿。比如与其他人之间关系的破裂、被社会拒绝以及可能被认为失去了女性气质。

成功对关系来说是危险的，它可能意味着被孤立。甚至，成功对女性的形象本身就不完全加分，因为一个有竞争心的人，必不是一个无私的人。

在吉利根的访谈中，一名被试这样说，她觉得"有事业心"就意味着权力欲和感觉迟钝。只有感觉迟钝的人能够做到，因为这个过程中人们要被践踏。一个在这条路上走的人就得要践踏别人，无论是家庭，其他同事，还是追随者。

可以看到，女性以美德要求自己时，为了自己去竞争和发展甚至是"有罪"的。在权利和美德的张力中，看似自由的选择其实是不存在的。想要符合这个社会加给女性的道德要求，是女性保持沉默、失去声音的另一个原因。

3

解决问题的思路是：突破女性原有的责任观——自己，也是女性需要无私关怀的对象之一。

在另一项关于在校大学生的研究中，吉利根从大二时选过一门课（课名为"道德选择与政治选择"）的学生中随机抽取了25名学生，同时选择了中途退掉这门课没有上完的16名女生也作为被试。和上一个研究一样，这些学生也被问了一系列关于自我和道德的问题。这些学生在大三这一年，以及毕业的5年后，两次接受了研究者的访谈。

在这个研究中有一位女生被试克莱尔，在访谈中谈起，她意识到了自己在关系中的问题。

她意识到，自己并没有在关系中负起自己那一半的责任。在过去，她的责任理解为维持关系的存续，而如今她逐渐意识到，那种责任既是维护自己的权利，也是告诉对方，"请停止对我的伤害，否则我会离开你"。这种坚定的表达并不是对关系的破坏和攻击，而事实上，它是沟通，也是给对方提供了一个回应的机会。

我们看到，当女性开始把自己和他人平等地列为"需要自己去关怀"的对象，她们发现，自己有力量做到曾经以为自己做不到的事情——比如去面对关系中的真相，比如去向男性表达真实的感受，提出真实的要求。这些事看起来很日常，却是大部分女性没有办法做到的事（此处仅指异性恋语境）。

这项研究的另一位被试希拉里说，自己曾经有过非常幼稚的信念：

"我认为只要我不伤害任何人，一切都会相安无事。但我很快就理解到，或者说，最终理解到事情并不那么简单，你注定要伤害别人，别人也注定要伤害你，生活充满了紧张和冲突，人们注定会有意无意地彼此伤害，但这正是事物存在的方式。"

"自私无罪，这是人们一种极为普通的生活方式，做你想做的事是因为你感到自己的愿望和需求是重要的，如果不是为了其他人，只是为了你自己，也足以构成去做自己想做之事的理由。"

在明白了这件事之后，希拉里在做决定时，就不再为自我牺牲和真实欲求的矛盾感到痛苦了。因为当自己也被纳入"无私关怀"的对象范畴里，关怀自己就不再背负着内心道德的谴责，而女性也终于能够让自己的声音释放出来。尽管这种释放仍然是在"非常重视关系的维护"的语境中。

克莱尔曾经说，自己似乎总想要服务和取悦别人，对提出自己的需求感到罪恶，但实际上对正在服务的人又会产生不满。这也是许多女性都感到熟悉的一种矛盾情境。当我们重新定义了自身的责任和义务，可能就能够从这种困境中脱身。

此外，这个社会，包括女性自身，应当为女性更擅长的特质赋予更高的肯定和价值。始终考虑关系中的情感感受，维护长期的关系，需要极大的勇气和耐力，这都是很多女性非常擅长的事。她们应当明白，这本身也是力量与美德。

4

吉利根指出，她的所有讨论，其实都不绝对分开男女两性。也有一些男人具有强烈关怀的意识，女人也有一些具备更加公正至上的非关系趋向的思维。她一再强调自己的表述只是为了集中讨论问题的方便。

她还指出，实际上，她谈论的是两种道德上不同的价值取向，一种道德观更注重公正和独立个体的利益；另一种道德观则更注重关怀和关系网络的维持。这两种道德观可以互为补充，有着平等的价值。

女性也要反思自己是否主动放弃了发出声音，因为发出声音意味着有自己的意见，而根据自己的意见作决定就意味着自己承担责任。于是她们怀着孩子般的依赖和害怕被抛弃的脆弱，只想取悦别人，却又渴望自己的"美德"得到回报：对方的关爱。但其实交易早在对方回应之前就已经完成了。因此在实际情况中，这些女性往往需要做出不断的妥协，来换取更多的关爱。

吉利根说："对于女性来说，最悲惨的不是在这个社会中受到什么样的歧视和不平等，而是在女性的潜意识中承认这一切，产生对于男性的依赖并且给予他们决定权,将自己合理地处于一种低等的地位,缺少对于自身的信心和勇气。意识上的认同极为可怕。"

可以说,想要改变这一切,需要从女性自身的觉醒和对自我的突破开始。当她们开始意识到自己主动附和了社会对女性的刻板印象与歧视,当她们开始学会不再把关系的维系当做自己理应承担的责任,学会把自己也作为关心与在乎的对象,去突破自我,改变才真正有可能发生。

在这里,我们呼吁大家发挥女性的力量,去突破自己,做一些你以前可能不敢想象的事情。其实,女性应该比自己想象中更强大。我们同时希望男性也能够学习女性的力量,从而让这种力量不再属于某一种性别,同时也不再让某一种性别的力量,成为社会唯一承认的有价值的力量。

参考文献

Gilligan, C. (1982). In a different voice. Harvard University Press.

Sassen, G. (1980). Success anxiety in women: A constructivist interpretation of its source and its significance. Harvard Educational Review, 50 (1),13-24.

不漂亮的权利：
她为何无法放弃"变美"的努力

1

我曾经有过一个来访者（为保护隐私，具体情节为虚构），是一个走在路上会被路人评价为"很漂亮"的女生。她经常处于忧虑的心境中，往往看起来严肃而闷闷不乐。咨询前半期，她说自己在做牙齿正畸，正畸疗程结束的那天，她对我说，她被一种巨大的情绪撞击了，是一种恨不得立刻死掉的剧烈的心情——因为她并没有变成自己理想中的样子，甚至觉得整牙后自己的脸型反而更不理想了。

这个女孩子的父母在国外工作，长大以后她大多时候是独居。能力很强，做着一份法律相关的工作，很长时间里保持着单身。

她常常描述生活令人疲惫。她每次来咨询室，都带着精致的妆容，从头到脚有一身完整的搭配，经常穿一些看起来就很不舒服的鞋子。看得出来她的指甲、睫毛（纽约也有接睫毛业务）都是定期精心打理的。同为女性，我可以理解这样的状态是需要付出巨大的心力来维持的。毕竟，哪怕仅仅是"永远不以没洗头的样子出现在人前"都足够累人了。那她为何还要如此坚持？

彼时我自己也因为后牙咬合的问题戴着牙套，距离摘掉牙套还有一段时间，我于是假想了一下：摘掉牙套之后恨不得死掉，那是一种什么样的心情呢？后来我明白了，那是一种想把自己摧毁的心情——因为自己不是一件令自己感到完全满意的"作品"——就像作家毁掉写得不满意的书稿，雕塑家摔碎做得不满意的泥人儿一样。

2

在这个故事中，我们不难发现，这个女孩子与自身之间，有一种极不友善的关系。当她想把那个不够完美的自己毁灭的时候，她自身仿佛变成了一件物品。她用审视物件的方式审视自己，用雕琢物件的方式雕琢自己，因而最终当物件令人失望时，想用摧毁物件的方式摧毁自己。

这种现象，在学术领域，被称为"自我物化"。虽然这个女生的表现更为极端，但这可以说是全世界女性都或多或少做过的事了。

什么是物化？物化就是，"主体"变成了"客体"。

主体（subject），是拥有、使用物品的人。

客体（object），是被用来满足"主体"的要求的物品。

物化，是指片面地把人看成"主体"行动的对象，而不是拥有完整人格、存在多元价值的人。当我们把人物化后，人就被看成是一个物品去评估它的价值，在这个过程中，这个人的其他部分都是被忽视的，比如 Ta 的想法、感受和欲望。

物化女人的外貌和身体，可以说是整个时尚、美妆、保养、医美行业的逻辑基础。我的脑海中常常会浮现出这样一个画面：一个女孩子的灵魂从身体中抽离出来，观看自己的身体，像一个蜡塑的娃娃，然后按照"美"的标准，不惜用刀雕刻它。又或者，女孩儿们把自己的身体当作自己正在养护的一株食物，她们通过内服、外涂等手段，想把它养护成"美"的样子。

前两天在家刷网购，我惊讶地发现，现在卖给女生的东西门类竟已经如此之多，除了我认识的护肤品和彩妆之外，还有大量内服产品——痘痘肌内服、抗糖化内服、美白内服、纤体内服、抗衰老内服，从功能上看的话，好像哪个都很有用。瞬间我感受到了一种焦虑感：假如我没有使用这些产品，我会不会就落后在起跑线上？或者无法取得原本可以取得的一些"变美"的成绩？

在意识到若要万全，我每天可能吃药就能吃饱之后，我还是选择了很"佛系"地放下了手机，但心里明白，那种"唯恐落后"的焦虑感，就是商家们赚钱的秘诀了。

3

所有女性都能感受到，自己的身体和外观曾被当作物品审视过。曾经那种审视是来自男性欲望的眼神，后来消费社会又把它建设成了女性之间的比拼和竞争。我们开始在不管有没有直男眼光参与下的领域，都相互攀比。

一个性别观不健康的社会建构了什么？它首先让女性相信，相比于其他各个方面的评价，关于外貌的评价都是她们必须在意的——就算它不是女性唯一的价值，它也是一种必备的价值，是"不可以失败"的领域，或者说是必须"努力上进"的方面。我们的社会对于男性的最基本的要求是什么？也许是能够供养 Ta 的家庭，有一定的成就。但一定不是外貌——除了一小部分以外貌为职业的男性群体。但即便是对于男性群体，外貌的考核标准也在日益提高。

如果说过去的消费文化，重在把那些"高不可攀"的标准设立成女性的目标，比如维密天使的小蛮腰。曾经那是一种"如果拥有了会更好"的加分项，但如今的消费文化，却愈加把"漂亮"变成了人人都该履行的义务，是假使没有履行就会被扣分的必选项。

新媒体时代，消费社会正在通过各位（来自生活的）时装博主让她们相信，比起先天条件，后天在外貌上的"不努力"更是一种值得羞愧的失败。存在那么多种方式，能够在那么多个维度上，提升社会对你外观的打分，你竟然不去争取——这件事几乎被建构成了和"不努力上班"一样不为社会所容的道德问题。

4

那么,对"漂亮"的追求到底伤害了什么呢?

我不知道有没有人像我一样羡慕过男孩子出远门,只带一支乳液,轻轻巧巧,女生却要打包上数目众多的东西,并且变得越来越多,从脸到身体到头发。与时间和环境作战,广告说我们无论在哪个细节上都不能放松。

"必须追求漂亮"这件事,对女生的伤害其实是非常具体的:首先是对时间精力的占据。我不想说,如果可以把"漂亮"在个人价值中所占的权重调低一些,我们会有更多的时间精力去做更有趣、更有建设性的事情——因为我知道很多女生是能够从中找到乐趣和建设性的。但也有很多人,可能是被洪流裹挟着,并不完全乐在其中地做着这些事。

我想过假如能去一个"非物质主义的社会",比如去乡村做人类学田野调查,是不是就可以无压力地完全不用在意服装搭配,或者保养妆容抗衰老——会有种"松了一口气"的感觉。我知道,让我真正感到放松的,不仅仅是时间精力的解放,而是我觉得自己更像个"人"了。我在这个世界上的存在和价值,更多关于我做的事、我的思考;我的行动也会更加基于我的欲望和感受——并不舒服的衣服,我为什么要穿呢?

被消费主义建构出来的美,是没有尽头的。我们都是在一场明知道没有终点的赛跑中彼此追求。这一季的美之后还有下一季,抗过了今年的衰老还有下一年，每时每刻、无休无止。这些，很多时候给人带来的，只是更多一个自我厌恶的理由。女性的自尊水平没有因为变美的手段更多而提升，反而更加低了。

在那次咨询中，我们最终的工作目标是缓解女孩对自身的厌恶感。当你把自己看成了一个物件的时候，你当然更容易全权地赞美它或否定它，因为标准是简单粗暴的。当然这其中也有女孩源自被苛刻要求的童年的完美主义问题，她全方位地把自身看成满足他人期望的"物"。而当她主观上认为自己让他人失望了的时候（她无法意识到自己内化了的"他人的眼光"是过度苛刻的，标准是过高的），她就全方位地感到自身没有价值，是应当被消灭的物品。

她需要的是一种"要求他人接纳自己"的勇敢和自我鉴定——"我就是这样，你要接受我"。而只有当她自己能接受自己"就是这样"，并且相信这样的自己有着足够的价值以后，她才有可能这样要求别人。

她每天仿佛履行一种义务似的维持着她所认为的，自身"漂亮程度"的最高可能。这就是前文说的，消费社会把"漂亮"建构成了女性的必须。当一个男生打算追求成就的时候，他可以投入全部的时间精力去做这件事。但当一个女生想要获得事业上的成就，却往往觉得自己应该是在"维持漂亮的时间精力"之外付出更多时间精力——这当然很累人，也很难长久做到。

然后我们就看到了那些拼搏事业的女性，因为没有维持好自身的体形和外貌长久地自责。

5

咨询后期,女孩说:"我想要一个觉得我有趣而不是好看的伴侣。"虽然"好看"好像是她自以为的自身在男性眼中更显著或重要的优势。我觉得,她其实是在说,"我有漂亮以外的其他方面的价值。"而我在心里替她接着说,"我也有'不追求漂亮'的权利。"

如果我们不恐惧，
恶意就会失去一切的力量

我看到过女团 BLACKPINK 成员 Lisa 遭遇死亡威胁的热搜。有人在社交媒体上说，枪已经准备好了，还把 Lisa 的照片 ps 到墓地上作为恐吓威胁。

这个新闻令我痛心，它再一次提醒了我，这个世界上，对于女性的恶意仍然远远超过了我们的想象。

我想到了东野圭吾的一句话：

"有些人的恨是没有原因的，他们平庸、没有天分、碌碌无为，于是你的优秀、你的天赋、你的善良和幸福都是原罪。有种恶意不需要理由，而且可以深刻到赔上自己以致对方于死地。"

恶意是被允许存在的，喜欢和讨厌同样是我们生来被赋予的权利和自由。但有一些恶意，无法站在阳光下，它是阴暗的。它只能通过造谣、诽谤、躲在黑暗下威胁存在。这种阴暗的恶意，就像躲在暗处怀揣着恶意的蛇。它能让女性陷入真正的恐惧。

因此，我想为它做一次发声。

1

这个世界上，针对女性的阴暗的恶意，有很多的动因。

一个女孩，可能因为她的漂亮、优秀、独立有事业而遭到攻击。遭到得不到她的人的攻击；遭到嫉妒自己无法拥有她的人生的人的攻击；因为穿的衣服遭到攻击；因为柔弱或者因为不够柔弱遭到攻击。

以前看到过这样一个说法，说每个女生的一辈子，或多或少都会遭遇一些没有缘由的恶意。我相信这种说法。

在我的中学时期，我也曾被选中，成了学校里被欺负的那个女生。我不能理解为什么他们要情真意切地讲述关于我的谣言，不理解为什么他们要联合起来排挤我。我曾经因为这样，小心翼翼、卑微地讨好身边的女生们，给她们买吃的、买衣服。

那三年的我很不快乐、很绝望。校园里来自同龄人的伤害，让我对自己产生极深的自厌与怀疑。后来我选择到了一个新的城市，才感到自己慢慢地活过来。但我知道不是每个人都像我一样，有资源离开那个伤害自己的环境。所以我一度的人生理想是做一个中学老师，保护那些被不公平对待、无力保护自己的女孩子。

一个这样的社会对女孩子的影响，是让她们变得恐惧，变得不敢去表达自己，变得希望把自己深深地埋藏起来，努力不引起他人的关注，继而努力地揣测、迎合、讨好身边的人。我自己曾经就经历过这样黑暗的几年。

这种感受令人心碎。

2

现在我长大了，当我再次面对这样的事和这样的社会，我的想法发生了变化。

作为一个女性，一个人，我认为我有不容推辞、不能逃避的责任，去保护包括我自己在内的每一个遭受了这种阴暗的恶意的女性。

我们不能因为这个世界上有这样的恶意存在，不能因为害怕这样阴暗的力量，就被它驱逐、被它吓退——如果那样的话，这正是这种阴暗的力量想看见的。我们应当相信我们比它更有力量。我们应当更加向这个世界表达我们自己。

声音和故事，是很重要的。在我们与所发生的事实之间，始终隔着一种故事的讲述方式。让什么样的声音在这个世界上存在，让故事以什么样的方式被讲述，非常重要。

我们不能因为恐惧，就把声音的场域拱手让给那股阴暗的力量。是的，它是恐怖骇人的，它擅长产出大量充满伤害性的声音，它的目的就是让我们陷入沉默。这样，它就能如愿占领整个声音的场域，吓退那些想要独立、想要在世界上肆意表达自己、想要追求优秀和成功的女性。

可是，为了我们自己，也为了我们的孩子，我们是不能退缩的：每一个女性，尤其是那些敢于追求事业和成功的女性，敢于被世界看见、在世界上留下自己作为的女性，值得一种活出她们自己的自由。

在这样阴暗的恶意面前，我们必须不被它吓倒和不因此退缩。

这种阴暗的恶意的确是强大的，有力量造成很大的伤害。但是它的强大，完全根植于我们的恐惧中。如果我们不恐惧，它就会失去一切的力量。

3、

那么，面对这样阴暗的力量，我们可以做些什么？

a. 如果你正在遭遇恶意，你首先要不恐惧。你要相信，阴暗力量连同它制造出来的夸张、极端、充满伤害性的故事和声音，本质是虚弱的。你无须逃跑，无须屈服。

b. 如果你正在遭遇恶意，你要相信你自己。这一点是最为重要的，没有什么比这一点更加重要。你要相信你作为人的价值，相信你的善良、美好，相信你自己没有错。要做到这一点，你要多和那些真正爱你、支持你的人在一起。他们会给你不被阴暗力量伤害的核心。

c. 如果你不是正在遭遇恶意的那个人，我也希望你，始终拒绝一切极端、阴暗、暴力的故事，希望你为了正义发声——沉默是恶意的共谋。当你发现身边存在针对其他人或其他女性的阴暗的恶意的时候，呵斥它，拒绝它，不要听它试图通过夸张戏剧化的捏造来获得你注意力的故事。不要给它注意力。

d. 当然，拒绝阴暗的恶意，不代表不能有反对的声音。这个世界的美就在于参差多元。当我们有反对、讨厌、厌恶等负面的情感的时候，我们仍然可以有选择，我们可以选择把这样的声音放到阳光下，相信这样诚恳、真实的负面声音，本质仍然是一种尊重。对于以这样的方式对待我们的人，我们虽然可能仍然因为他们的立场有不舒服的感受，但仍然感激他们给予我们的这种尊重。

疏胜于堵，用阳光的真实，打败阴暗的虚假。

我喜欢的作者卡尔维诺有这样一段话：

"生者的地狱是不会出现的；如果真有，那就是这里已经有的，是我们天天生活在其中的，是我们一起集结而形成的。存在着两种免遭痛苦的方法，对于许多人，第一种很容易：接受地狱，成为它的一部分，直至感觉不到它的存在。第二种有风险，要求持久的警惕和学习：在地狱里寻找非地狱的人和物，学会辨别他们，使他们持续下去，赋予他们空间。"

我们每一个人，都应当警惕自己不要成为生者的地狱的一部分。如果我们所有人，作为一个个体，都能够去拒绝这种阴暗的恶意，不给它生存的空间，这就是我们保护他人、最终是保护我们自己的最为强大的力量。

今天起,我不要再做个"乖巧"的女生

1

从米兔运动在中国爆发以来,一直有朋友问我,你不说些什么吗?当然我一直关注着对于这件事的各种讨论。但这件事在我看来,还不光是男性和女性之间的问题,也是"有权势的人"和"相对更不具有权势的人"之间的战争。

我想说的一点是,这些倚仗权势伸出脏手的人,究竟是如何让这些事发生的?

有人说,不要害怕被要挟(被权势方用学业、事业等)。但其实,在我看来,害怕被要挟还并不是使得这些事能够发生的最重要的因素。

在这些事件中,更重要的,其实是一种关于"尊敬""礼貌""得体"的下意识的选择,是我们整个的文化要去把女性、孩子等更没有权势的人教育成"乖巧听话"的倾向。

2

我和一些性骚扰/性侵害的受害人进行过对话。曾经，他们都非常尊敬那些（后来成为了）侵害者的人。因为这些人具有某种特权，可能是知识文化上的，可能是经济地位上的。他们被教育要尊敬这样的人。

而如果涉及长期的相处，他们都表示，其中很微妙的一个环节是细节和微观层面上的"人际压力感"——他们觉得在当时，这种压力感比对于未来的担忧更直接。我认为，这种人际压力感，就是文化习俗被内化了的一个表现。

在我们的文化中，有一种对于权威的敬重，还有一种"要与权威维护好关系"的礼仪。说得不好听一点，有时候存在一种"既媚且惧"的东西——我们不认为自己的人格与那些更有特权的人是完全平等或者说应该平等的。

我们的社会倾向于认为具有更高的知识、更多的金钱和权力的人，可以获得一些道德上的豁免，用人性给他们辩解（比如一个穷人出轨，社会会评价说，没钱还作——仿佛这个社会对于有钱人的出轨觉得"更容易理解"）。我们对于特权者的责罚是更软弱的。权势者的嚣张，来自社会的纵容。谁给了他们不守道德的底气？

我们的社会就是这样教育了我们——要懂礼貌，尤其是女孩子，要乖巧，尤其在贵人面前，更要表现出自己"有礼"的一面，"至少不要把关系搞坏了，以便日后能留有余地"——尽管没有人向我们解释过,那个余地到底是什么时候用的,到底能不能用得上。

文化对人的影响是深厚的,即便是那些我们并不认同但日日浸淫其中的文化。尊敬和尊重是不同的。尊重是基于两个人平等的地位,包含了相互性的要求——我们不需要尊重那些不尊重我们的人。但尊敬,本就暗示了权力地位的不对等。因为尊敬,我们会给对方一些特权,比如听一些自己并不爱听的话,表达一些自己并不想表达的奉承。"乖巧"这个词,也包含了一部分这样的含义。

另外,淳朴、谦卑而善良的父母们,告诉孩子在外面要懂礼貌,这种礼貌却被那些不懂礼貌的大人所利用。这个世界上是有坏人存在的,他们会利用你的礼貌和乖巧,一步步试探你的底线,而在这个过程中,你已经万分痛苦了。

3

这种现象当然不是受害人的责任。无论多么谨慎,居心不良的人都一定能找到他们可以钻的空子。更不用说无论是谁,每一个人都受到文化的影响,难以与文化抗衡。

我们需要改变的是整个社会的想法。

我们需要这个社会发自内心地尊重每个人生而为人的平等性,我们需要教会我们的孩子不用卑也不能亢(不要寄希望于成为特权者从而获得豁免,不要希望变成恶龙)。我们要教育我们的孩子"你值得被尊重",如果有人不尊重你,你也不必尊重他们。我们应该教会我们的孩子，得体和礼貌也是相互的。

我们要教会他们，还要亲身向他们示范，我们对于德行有失之人发自内心的鄙夷和同情——但绝不是恐惧或者考虑与他们之间的交易（比如物质与道德的交换）——你可以在心中为他们不懂那些真正珍贵的东西感到同情，但完全没有必要去忍让，也没有必要去与之周旋。

要注意，他们都是试探底线的高手，如果他们曾让你们感到一些边界被突破的不适，不要认为这是无心之失。

4

此外，我完全赞同这个社会去公开批评这些权势者的失德行径——有人把米兔运动与"文革"大字报做对比，令我费解。"文革"中的受害人大多无辜、没有伤害别人，但没有一次性骚扰是无心的，这一点非常重要。道德本就具有一定的惩罚性，法律并不是惩罚人的唯一途径。在传统乡土中国的文化中，社会习俗性的道德惩罚，甚至比律法更有力。

在施害时不讲法制，却在受害时讲法制，就是耍流氓。

5

我相信，我们的孩子如果能在这样的文化中长大，他们珍重自己,同时厌弃不懂尊重他人的人。他们之中会去突破边界侵犯他人的人,也会少得多。

从今天起,不要再用忍让和乖巧教育我。

PART 4
自由

幸福的本质,和"欲望满足"关联很少

最近的三个小感悟。

1

如果我要抚养一个孩子,教育他好好学习,我会告诉他,有一天你会离开我的庇护,去这个世界上,成为一名屠龙的战士。你现在广泛学习的一切事物,都会成为你的装备、武器和技能。为了他日你能够玩得愉快,打得过瘾,你就要像一块海绵一样从生活的方方面面,吸取一切可以吸取的东西。其中有一些可能对现在的你来说,还无法理解它的用途,没关系。总有一天,你会明白。

2

如今我渐渐觉得,幸福本质上是一种日常练习。它和"欲望满足"之间的关系很少。

以一种什么样的姿态度过每天的生活，可能是幸福更关键的问题。多想想自己已经拥有的，和彼此珍重的人好好相互对待，不给不值得的人伤害自己的机会，就会更接近幸福。

本科时，有位老师跟我说，现在很多人不知道什么是好的生活。那本应该是一种有德性的生活。幸福是需要克制、需要纪律、需要自我管理的。幸福挺累人的，起码比空虚要累人，但也会有收获喜悦的时刻。

当人的注意力能够从"我想要什么"（what I want）转移到"我需要什么"（what I need）上的时候，大概就是活得比较明白了。

3

每个时代都有一些卓越的女性。我身边有一些非常卓越的女性朋友。在她们身上我看到勇气、坚韧、彼此支持和独立思考。我经常被她们的智慧和成长打动。当一个女生去勇敢地认识自己是谁、勇敢地担当起自己的人生，我都仿佛看到她们在绽放。

May we walk out of shells, and walk into our full-blossom.

祝我们走出自己的壳，走向自己的全然绽放。

你不快乐，可能是向人生索取得太多

1

因为所学专业的关系，这几年，见了很多人，在这些人中，不快乐是常态。

不快乐的原因当然有很多，但归结起来大概都是这样一点："我认为我的人生本应该是更好的"。可能是我的爸爸妈妈应该是更好的；我的家庭条件应该是更好的；我接受的教育应该是更好的；我的恋爱状态应该是更好的；我的外形应该是更好的，等等。

在这样的认知下，不同的人又会有两种不同的表现：一种是"永不言弃"，他们始终希望自己的人生能够变成它"本该有"的样子。于是有的人减肥，有的人整形，有的人拼命工作；另一种是"自暴自弃"，认为自己的人生再也不可能变成理想中的样子，并为之持续地感到绝望和痛苦。

当然，更多时候，两种状况是交替出现在同一个人身上的——这也是我为人类的挣扎深深着迷的原因。人们始终充满挣扎，这种挣扎一方面表现出了人的局限，却也与此同时，毫不逊色地表现出了人的坚韧有力。

与这种不快乐的原因并存的一个常见的想法是："如果我的人生能够变得××××，我一定就会更快乐了。"如果我长得很美，如果我现在能赚很多钱，如果我现在有一个爱人……

有时候你会很想说，hey，那个拥有你想要的东西的谁谁谁，也一样痛苦不堪着呢。

当我见过了足够多的人，彼此间仿佛错位似的、拥有着别人想要的东西，而同时都处于不快乐中，我才慢慢地不禁觉得，可能"主观的快乐感"是一个独立变量，它与任何这些变量之间都没有相关关系。只与你是不是一个快乐的人本身有关系，或者说就是同一件事。

说到这里想起以前读过的一个实验，说的是人的乐观和悲观程度是相对固定的，研究者跟踪调查了一批乐透中了大奖的人和一批因为事故意外残疾的人，发现这样的"大事"也只是在短时间内改变了人们乐观和悲观的程度。一定时间以后，悲观的人仍然是"赢了许多钱的悲观主义者"，乐观的人仍然是"意外残疾后仍然乐观的人"。

"希望生活变得更好"中的"更好"是没有尽头的。人们理性上都明白这件事，却只能靠自己实现了更好，却又陷入新的痛苦，才真正开始理解这件事。

2

理解这件事,首先改变的,是我对"幸运"这件事的理解。

如同很多人一样,我曾经觉得,那些相对来说付出更少,却莫名被给予了很多的人是"最好"的,他们是上天的宠儿。人们经常羡慕这样的人,因为他们的努力相对来说被给予了更多的回报,比如由于出身的关系人生非常顺遂,或者因为机遇甚至是投机收获了巨大的财富。

特别是当这些人德行有失,人们往往更加焦虑甚至愤怒,有的人会责怪命运的"不公":为何 Ta 如此"幸运",我却如此不幸?

经过了长期的观察与认真的思考,我想说,其实这些"看起来人生要容易很多"的人,本身就是正在经历着考验。

人类很奇妙的一点,在于每个人都只能局限在自己小小的身躯里,非常独立而隔绝地体验着存活于世的经验,用自己的体验去归纳着"真理"。

我以前常常对于那些质疑自己过于"矫情"的人说,痛苦是没有办法比较的。每个人都只能感受到自己所感受的痛苦,所以一件所谓的小事,和一件大事给不同的人带来的痛苦感,很有可能是程度相当的,对一个人造成的影响也可能是类似的。

同样的,快乐也是没有办法比较的。看似拥有更多快乐的理由的人,所感受到的快乐,也很有可能与那些只拥有一点点的人近似——甚至还不如后者。

这些"人生容易很多"的人中,有不少人(针对性的教育可以改变一部分)会更难感到满足,更少有能力珍惜。他们或者对"人生的容易程度"产生了与"一般人的体验"有偏差的认知,或者对"幸运"习以为常而产生了过高的期待(例如期待幸运会高频发生)。

人们对于这个世界的理解,基于有限的自身体验。这些幸运儿,容易误以为好事还会持续发生,眼前这个机会之后,仍会有无数机会逐一开展。因此他们更容易轻率、鲁莽地对待"好事"。

而人生是漫长的,对于任何人而言,都不会毫无瑕疵。你对于人生要求的越多,"瑕疵"自然也会越多——某种程度上,"瑕疵"的存在是由目光决定的。主观快乐程度,与客观所拥有的水平,比我们想象中更为剥离。

另一件与我们想象中不同的事情是:人不是在拥有中学会满足的,人是在失去中学会满足,在失望中学会珍惜。他们知道,即便所拥有的看似是如此的少,"拥有"的体验都是如此珍贵。他们在"好事"面前,有一种维持幸福必需的小心翼翼和谨慎谦卑。他们不挥霍世界和他人对自身的善意。

比起实际上拥有多少,我现在更倾向于认为,满足和快乐更多是一种思维习惯与价值观。

只有给自己带来满足感,以及那些被自己好好珍惜的东西,才是真正属于自己的"好生活"。否则你所得到的,也可能只是在你身边经过——和"不拥有"一样给你带来苦恼;更不用说上天曾经馈赠你的东西,未必就不会收回去。

3

我现在觉得，最受上天宠爱的人，是那些得到的"很平衡"的人。

在不同的人生阶段里，他们的所得总体，相对而言匹配他们的作为；生活中有成就的累积，但也总有困难的挑战发生——也许是在同一件事情的不同方面，也许是在人生的不同方面。他们的人生也许不是前进得很快，但始终在前进，同时也在过程中帮他们准备好了自己，去承受更多的"拥有"。

一方面，成就感让他们相信自己，也相信努力；另一方面，挑战让他们看清自己的局限，也让他们在命运面前始终保持一定的谦卑。在宇宙面前，我们多么渺小，以至于在我们必须承受的一些东西面前，只能做出自己小小的努力——并不期许一定要改变太多。

随着生命进程的推进，他们不断消化着更多的成就以及更多的挑战。他们的世界观不断变得更为复杂，从而能够帮助他们适应世事的变迁。他们对于"得不到"有着真正意义上的心理准备——有些人只是理性上"知道"自己会有"得不到"，但从没能"接受"自己得不到。

他们也因为每一次挑战，更珍惜每一分所得，即使它们发生在人生的不同方面——他们慢慢参透"快乐"是一种价值取向，幸福真的是一种"信念"。某种程度上，你是由于相信自己是幸福的，才变得幸福。他们也因为更早学会了珍惜，而不容易错失生命中珍贵而罕见的东西。

每个人的一生都是在混乱中、在不同的"力"互相对抗的过程中，获得暂时性的、看似静止的动态平衡。自身，就是我们需要倚仗的，用来穿越这一生的东西。你与它唇齿相依，而不是与别的什么东西。所以你所有关于修建 Ta 的努力都不会白费。

如果在读这篇文章之前，你觉得自己不够幸运，或者羡慕某些人的"幸运"，我会建议你把"幸运"放到一个拉长到更长的时间维度里看一看。

以前一位老师曾经告诉我，我们生命中大部分的重要的事情，都是无法在当下理解它全部的对于自己的意义的，无论是一个人还是一份工作，我们可能需要经过很多很多年，才会在回头时理解它对于自己究竟产生了哪些影响。

在我 28 年有限的生命体验里，由于特殊的职业，有幸见到了更多的人生故事。我目前觉得，好好坏坏的平衡，才是最幸运的事情。毕竟那些"过于幸运"的人，需要远远高得多的灵性天赋，才能参透一个平凡人可能很容易就参透了的东西。

4

我的初恋曾带我去伊斯坦布尔一个很小的剧场里看过一场演出。那是一个夏日闷热的黄昏，我们为了赶上时间一路疾跑，走街串巷。因为场子小，观众们离演员非常近，围坐在一起。

男人们脱下黑色外袍，露出白色的衣裙，整齐而无声地旋转——非常安静却动人心魄。那是6年前，我22岁，在他们漫长而重复的旋转中我受了某种难以言说的震动，以至于当场落泪。

如今我觉得，那时的我，其实是懵懂地感受到了一种复杂而圆融的、被称为"智慧"的东西。

我们在人间行走，一手要接纳上天的给予，一手要面向大地支撑住自己，而在这中间的大部分时间里，我们只是重复地旋转。重复、专注、忍耐。

最终，这个过程本身就成为了"美"，成为了"存在"，成为了心灵的满足与宁静；而反过来说，也正是这些东西本身，就必然地包含了对于"重复、专注和忍耐"的要求。

有一个姐姐曾经跟我说，自己的平静来自一种看似有些悲观的世界观。她说，每个人，包括她自己，都是那么虚弱，我们没办法做到那么多，没办法承担那么多不切实际的期望。正因为这样，她才不会去向他人，也不会向自己强求那么多。

在那之后，她就找到了一种放松的平静感，以及为了"侥幸"拥有的而感到快乐。

你要相信，你的苦乐参半的人生，正是你最好的可能。你既不用充满"不服"地去追求、更不能沮丧地停止追求。你要的安宁与幸福，正是在这个"求"与"不求"的动态平衡中。

深情是一种选择:宁愿深爱无归路

1

前两周,读到一句话,说的是:

悲剧的根源并不是由于善、恶之间的冲突,而是主体的自由意志与隐藏在背后的必然性之间的斗争。

这句话的上下文语境是雅典文明对于"悲剧"的推崇。

无论是行善、作恶,人们都在奋力挣扎,试图摆脱某种自身命运的必然性,同时又不断陷落在那种必然性之中。

放眼望去,很多很多人都在这样的处境中。人们为这种处境感到痛苦,又在这种痛苦中得到升华。

2

与朋友探讨,假如活得虚幻更容易快乐,为何还要选择尽可能清醒地活着?

我无法说清,只是隐约感受到在那种"清醒"里,有着"作为人"的某种散发着悲剧色彩的荣光。

清醒即是一种对抗,一种对必然性和沉沦的对抗。

很多人误解了"难得糊涂"这四个字的含义。难得糊涂,不是真糊涂,不是不知道自己在做什么、不知道到底发生了什么。

"难得糊涂"的底色,恰恰是一种清醒。是由于某种与悲剧直面的经验,产生了对于包含自身在内的人类的悲悯,以及对一切事物的先于验证的原谅。

当然,个体走向"清醒"的道路是漫长的。这个过程是如此痛苦,人们很多次质疑自己为何要"看见更多"?假如可以一直幸运地保持无知,是否更接近主观的幸福?

我不知道答案。只是以我有限的经验,并没有人真的能够永远"幸运地保持无知"。在漫长的一生中,总有这样那样的际遇,触发人开始觉知。

也许这是一种作为人的存在所必经的痛苦,而我确信在清醒的深处却是喜悦与平和。

3

与未来一样难以预测的,还有过去。

以前一位老师曾经告诉我,我们生命中大部分重要的事情,都无法在当下理解它的意义,无论是一个人、一份工作、一次意外的事件。

我们可能需要经过很多很多年，才会在回头时理解它对于自己究竟产生了哪些影响。

西方的知识话语体系用心理学解释这个过程，东方的哲学话语体系把它叫作"功课"和"造化"。

"造化弄人"表达的也正是人的自由意志与命运的必然性之间的矛盾。

4

人生随着年龄渐长，不断铺展开生命的画卷，你看到过去没有意义的碎片，逐渐拼合成关于你自己的、恰到好处的真相。

比如这几天，我想起了过去的一件小事：小学五年级时我请过三天假，长期忙于工作的父亲忽然出现，带我去了一个书展。

那一趟他扛回来一箱金庸的书给我看——"飞雪连天射白鹿、笑书神侠倚碧鸳"，还有一部《越女剑》。

最近我忽然意识到，那些江湖儿女的故事，无论是大漠孤烟、金戈铁马，还是湖光月影、一眼万年，在很多年后，给了时不时会感到出世的我一种极为入世的力量。

"世间多少痴儿女，情到深处无怨尤。"造化也许无情，人却仍可以清醒地做出自己（也许是徒劳）的选择。

深情是一种对抗悲观主义的选择。

这一生，宁愿深爱无归路。

最重要的家庭教育，
是让一个人有能力"明辨是非"

1

我昨天和一个多年的朋友聊天，她去年生了宝宝，我们对于家庭教养的话题就聊得多一些。

我们都觉得，最重要的家教，是教会孩子明辨是非。

"明辨是非"这四个字，看似容易，实则真正能够做到的人极少，因为真实的生活不会像电视里一样黑白分明。

每个人都会怀着自己的立场说话做事，再加上众口纷纭的评论——只有小部分人是坏的，但却有大部分人是容易被这些人影响视听的。大众往往容易站错队，因为大众的价值判断受到情绪的影响极大，大众是不理性的。而那不义之人才会毫无负担地用卖惨、暗示等种种方法蓄意煽动大众的情绪。看看每次社会上出事，那个哭得大声的、显得可怜的人，往往就能让看客们忘记了分析真正的道理、对错。

这种现实情况下,能保持耳目清明,独立判断出是与非,是很难的。

聪明会读书的孩子,也不见得就能够在长大后看得清世事。好赖不分、被人哄骗的,不在少数,很多人糊涂中也就过完了一辈子。

有的是父母本来就没有端正的三观,扭曲的价值取向影响了孩子;有的是父母本就单纯,自己做不到什么世事洞明;也有的是父母少了教诲。

尽管如今大部分教育发生在学校里,但学校往往只能教育孩子的智识,却难以教会孩子如何在复杂的社会中,做到心中有一杆自己的标尺,如何不是只听人口舌,而自己透过表象去看透人的行动和意图,真正甄别哪些事是该做的,哪些人是该信的。

那么人为什么要做到明辨是非呢?这里牵涉到一个根本的哲学问题,即人为何要寻求道德,这个问题千百年来争论不休,暂且搁置不谈。我们只说明辨是非对于个人自身的好处:一个明辨是非的人,才能在进入社会后,选择好与自己同行的人,做对的事,被对的人认可,从而躲避许多灾祸。

真实的生活并不完美,我们每个人都需要在生活中忍受一些苟且之人之事,但能在这个过程中清醒地认识到究竟是怎么回事,就格外重要——我们知道自己忍受了什么,而不是被纠缠其中。

明辨是非很难,靠阅读能够得到的提升有限,天资过人的人或许可以靠自身悟出一些,大多数人需要有人教导和指引。

我们需要在一件一件真实的社会事件中,去认识这个社会上的人人事事，习得认识他们的视角和方法。这些经验式的方法，以及在这些方法背后的价值取向，早晚会被成年后的子女所需要。而这就是家庭教育的意义所在。

2

一个人的一生中，会被这种"明辨是非"的能力影响的事情很多。交友和择偶就是其中两项。

一种情况是对方本身是个明辨是非的人，与这样的人交往是很愉快的。无论你们的关系能够走入多深，至少两个能够明辨是非的人在一起，很容易建立一定的信任基础，关系也很容易能够彼此助益。

当然世上没有一件事是绝对的，没有人能够做到永远明辨是非，总有糊涂的时候。此时，身边有这样的友人，能够帮你清醒头脑，让你重归清明。

另一种情况是对方或许不是一个足够明辨是非的人，但你出于某些特别的原因，愿意包容 Ta。此时，你自身明辨是非的能力，能够帮你决断你的包容应当到什么程度为止，哪些时候你应该做出提点和自我维护。

世人爱说难得糊涂，其实只有有能力明辨是非的人，才有能力选择什么时候可以"难得糊涂"。

在以前的文章里我曾经开玩笑提过，"三观正是可以保命的。"

此非虚言。尽管听起来似乎很无趣，但价值取向是指引我们做出选择的东西，它甚至可以影响我们的情感。最终，我们欣赏什么样的人，被什么样的人所吸引，认为自己应当和什么样的人组建家庭，都是蕴涵了价值取向在背后的一系列选择与决定。

当然价值取向也并非光靠认知就能调整的，它需要足够高的自尊水平在背后予以支撑——给孩子足够高的自尊水平，正是家庭教育的另一个重要意义所在。

明辨是非能够让我们理解世事，但与想象中不同的是，人们不会因为"知道一件事不够好"，就不去做它，甚至不会因为"知道一件事会伤害到自己"，就不去做它。

这时发挥作用的，就是自尊水平了。自尊水平高的人，发自内心地相信"我有价值""我有能力"，所以"我相信自己的价值判断""我有能力坚定于自己的价值判断"。自尊水平升高的主观感受，就是越来越难容忍不够好和会伤害到自己的人和事。

"情理"这个词，在中国文化中有着特殊的地位。"世事洞明皆学问，人情练达即文章"——年少时心高气傲，仗着常被人夸赞几句"早慧"，对这句话多有不屑，而今才对个中含义略略体会过了一二。

现在的我在生活面前早已变得更为谦卑：谦卑是我喜欢的，因为在谦卑中人是敞开的，才刚刚准备好让更好的事物进入自己的体内。

如果你有时间，不妨试着和家中长辈攀谈，聆听他们看待世故人情的角度，或许能够从中令你获得一些启发也说不定呢。

"人世间,谁不似躲雨的人":
面对人生的力量

1

中秋的时候,和两个好朋友去南京玩,大半夜我们跑去按摩。按摩的屋子窗外刚好有一轮明月,别有一番赏月的风味。

言归正传。他俩是男生,在隔壁被收拾得鬼哭狼嚎。我自己一个房间,很无聊,就跟技师姐姐有一搭没一搭地聊天。那天给我服务的姐姐只比我大四岁,但已经是个七岁男孩的妈。

她说起话来很爽利,告诉我自己是从贵州远嫁到安徽,因为看上老公英俊有上进心,有一门做西点的手艺。他们一起在上海闯荡了几年,又因为老公到南京做西点研发师搬到南京。现在她在这家店学艺,打算接下来筹办自己的一家按摩店。

这个姐姐说到好些有意思的观点。她说,一个女人,起码要找一个愿意听自己的指挥、指哪打哪的对象;但也不是说觉得对方这样做就是理所当然,而是彼此疼爱,自己也要用行动表达对对方的关心和珍惜。

她说她虽然没有读过什么书,但是对于自己所在的行业是最专业的。每种技术、原理,都用心学习。她说我想着要给儿子做榜样,每天回家不管多累,睡前都要看几页书。

我说,像你这样的性格,你们一家的生活一定会越过越好。说的时候我特别由衷。

2

2020年夏天我30岁了,和青春时期相比,我的心境发生了很多改变。

如今我最欣赏的就是这样的普通人,他们没有精英的出身背景,没有过人的财富名望。但是他们从来没有失去过对未来的希望,没有失去过乐观的心态和执着的努力。

其实我们身边这样的人很多,尤其是上两代人。他们经历了许多生活的磨难,但总是积极地奔着"让生活过得好一点点"而精心筹谋。

这种面对生活的力量,在我们的外公外婆、大伯大姨身上,似乎是理所当然的。碰到倒霉的事儿了,哭一回,喝一回闷酒,回头还要把日子往好了继续拉扯。因为就算不是为了自己活,也要为了家里人好好把日子过下去。

但在我们这代人身上,却好像少了这种精神和力量。我们中有些人，读了更多的书，见过了更好的生活，却失去了一些最朴素的心劲儿和智慧。我们更知道"为自己而活"，却不知道有时候为了别人、家人好好过下去，人能因为这份责任的担当变得强大。

都说我们这代人过得焦虑，其实每一代人都一样活在不确定中。从来没有人能在年轻时就得到未来的人生能够一世顺遂的保障，过一天是一天，日子也就那么过下来了。

以前读过这样一句日本俳句："人世间，谁不似躲雨的人？"说的就是每个人的生活其实都不容易。大家都背着生活的重负，你只有也背上自己的那一份，才会因为这份重量，更加坚实地脚踩大地。

我如今看着他们的时候，会觉得他们是很美的、很美好的，会觉得是我想要效仿的。当我看到他们畅想未来时，眼睛的光芒，看到他们在辛苦的时候，仍然有很多幽默、快乐的东西，我真的会觉得很感动。

3

人活着，要有一些自己真正珍视的东西，你可以为那个东西拼命努力，只要你能拥有这个东西，别的很多东西都可以不那么重要。

我好些年前就明白了，最不能要的东西，就是贪心。有些人说找不到理想的职业方向，有些人说找不到理想的伴侣，我都会跟他们说，你要想清楚你到底图什么。

人不能什么都不图，也不能图太多。最好只图一样。如果能得到超过一样,是你的命好,但想清楚了自己图什么,只图一样的话,大多数人都还是能图得到的——求仁得仁也不失为一种好结局。怕的是没想明白,无论图到了什么都觉得那不是自己最想要的东西。或者是图得太多,总不可能全都得到,但无论没得到哪样,都觉得不满足不甘心。

比如说,你如果要图两个人一辈子都把对方当成最重要的人,你就要放弃层出不穷的新鲜感。你如果要图好朋友一辈子一起走,就要为此付出时间精力甚至金钱。

我们这代人,有很多人都是盲目地在追,追一些自己也不知道是什么的东西,像在追风。

4

前段时间,前任来上海看我。最近我们一直在讨论成年初显期即将结束的问题。到最后,你还是要为你自己做出一个选择,即便未来这个选择仍然可能会被改变,这个选择关于的就是以什么样的方式,过什么样的生活,成为什么样的自己。

我们都曾如一缕游魂,需要找到可以附着的人和事,才成为自己。

我曾经有很多年,读很多书,去很多地方,请教一些人,想要找到某些答案。

如今我觉得我已经找到了一些。我想成为一个总是乐观的人,一个积极而豁达的人。成为芸芸众生里,最平凡俗气的一个。迎着人间的烟火,从不停止生活的努力。

与更少的人来往,向更少的人说明自己。

5

正如同源重之在《重之集》里写的:

"忍耐吧,心中的忧愁不是消散吗?在这忧苦的世上,樱花不是开了吗?"

樱花来年还会再开,对于那些此时不幸的人,忍耐下去,总有更好的时节。

做一个埋头在生活里,为了心中真正珍惜的人和事,好好生活的人。

每个人都是命运与选择斗争的产物

最近在想的事关于命运和自由。在每个人的个人之上,有没有命运存在?如果有,我们的选择又存在于哪里?

1

随着年龄的增长,我越来越发现,人们生活的延续性,是远远大于变化性的。在工作和生活中,我都鲜有见到过人格的突变——除非是遭遇了重大的创伤。"顿悟"这件事是很少发生的。

人们在一些时刻急于宣布"我已不是过去的我自身",然后发现他们仍是。往往这才是现实,魔法般的改变不是。对你对我来说都不是。

2

一个人的发展,受到三个方面的影响,Ta 的个体化的特性(比如先天的智力、人格性格等)、Ta 的环境,以及 Ta 过去经验的累积。

我们称之为命运的东西,可能就是这个过程中的随机因素。比如,先天的个体差异,不受主体选择的家庭和成长环境,以及生命中重要而随机发生过的事件。

所以我们每个人都体会到过自己优势和劣势的方面,这种趋势可能也是被人们称呼为命运的东西(的一部分)。

甚至,如果我们的选择能力,本就部分取决于先决的自身和先决的初始环境,我们的选择也就成为了命运本身。

从这个角度来说,命运是存在的。

就像蝴蝶效应一样,我们生命中蝴蝶的第一次振翅,可能是别无选择降临在我们身上的命运。无论我们多么想要否认和拒绝,费尽心机试图逃脱,但无论是哪个版本的故事,都从蝴蝶的那一次振翅开始。

那自由是什么呢?

随着个体年龄的增长,他们的选择空间既会变小,也会变大。我们都曾经站在命运的分岔路口,后面的道路风起云涌,我们的一个选择,影响我们在后面的人生中付出不同的代价。尽管无论如何,代价都必须付出。

3

我这个周末在读劳伦·贝兰特。

在一篇对她的访谈中,她说,自己具有的是一种"抑郁的现实主义"。人们普遍具有自我理想化的倾向,他们倾向于把自己认知得比自己真正的样子更美好。但"抑郁的现实主义者",是更"精确"的人:他们对认知现实的自我防御度更低,所以更容易看到所有的古怪和艰难。但他们的精确也不是一种黑暗或悲观,只是他们看到,那些前后不一致的、无法被解释的、奇怪的东西,也正是重要的、让人们生活下去、彼此连接的核心。

4

我在一个北大社会学系师兄的朋友圈看到一张图片,画的是:

我们和木偶一样,被绳索操纵。但人生戏剧和木偶剧场的深刻区别,正在于我们能够抬头仰望并感知绳索对我们的操纵。

我想,某种程度上来说,觉察就是我们最大的自由,觉察自身,觉察世界。

我们是从意识到、理解到自己被命运框定时,开始有了自由的。

我们看到绳索是如何操控我们,而从那一刻起,我们就已经脱离了全然被操控的状态。然后我们开始学习掌控身上已经存在的那一套绳索。

以至于后来,在命运的分岔路口,我们终于有能力为自己做出了选择。而生活的延续性,也最终成为保护我们的东西——无论发生过什么,生活都会继续。

有些事不用自己出手,时间会出手。我们都是时间的孩子,只需要在它的怀里安如磐石。

"蝴蝶死后,我学会了顺从,因为时间是慈悲唯一的方式。"

很多人复杂过,
而只有一小部分能回归单纯

1

一个月只有四个周末,只要其中有一个周末能做一件让你很快乐、有记忆点的事,这个月就能在期盼和回味中好好度过。

好好过一年只需要十二件这样的事而已。

2

因此我想,快乐的生活的确是可以由自己建造的,尽管会需要长久的时间和努力。

今天我见到从 12 岁开始一起长大的妹妹,她的童年和青春期过得很苦。但她没有抱怨,反而还接过了家庭的重任。如今她渐渐得心应手,处理大小事务都显得轻松了。

她说,不知道别人是怎么样,但她是过了 25 岁才开始越来越开心的。

她说,这是因为对自己生活的掌控感变强了。小时候真的觉得很无助,不知道会发生什么,也只能承受。回头看也不知道怎么就过来了,就学着、尽力着。现在终于很多事都在自己掌握里。

其实我明白她在说什么。

3

我很欣赏这么一类人:

他们也许不是最幸运的,但是在人人事事中,始终坚持认真生活着。受到过挫折,但没有放弃自己对世界天真的信念。默默地承受、应对、努力、怀抱希望。

他们不是因为生活在乌托邦里才有着干净的心,也不是因为无知才简单生活。

他们是因为洞察了人间的苦难,但是选择构建一个单纯的自己和自己的小世界。因为尝过痛苦,所以深知"珍惜"的意义。

在漫长的时间里,他们因为心中小小的、美好的愿景,埋头一点一点建构自己想要的生活——接近一些人,舍弃一些人。直到那个让自己快乐的生活慢慢从空气中露出雏形。

这需要意志坚定,不贪不痴。

我看见过最美好的事情之一,就是看到这样的人遇见彼此,然后从那以后彼此守候。

因为懂得,所以守护。

"是星星,不会照耀,但无论在什么样的夜里,一回头,都能看见它们在夜空中一眨一眨。"

4

"你那么憎恨那些人,跟他们斗了那么久,最终却变得和他们一样,人世间没有任何理想值得以这样的沉沦作为代价。"(加西亚·马尔克斯)

我想这些有能力复杂却选择了简单的人,都深知这句话的重量。

5

人间不值得。所以要选择自己认可的姿态去活,选择彼此珍重的人留在身边,选择能让自己快乐的明天去为之奋斗。

有人在天边,有人不值得。

在我的自身中安居

1

我第一次接触心理咨询是在 16 岁。后来因为机缘巧合,它成了我的一种生活方式,几任治疗师先后陪伴了我这十多年来的成长。后来也是因缘际会,我在美国学习了临床精神卫生专业。

这么多年的经历给我带来了什么?

到今天我会说,最终它给我带来了一种精妙的"存活于世"的体验:我习得了"看到更多"的能力,尽管这种能力很多时候并不能真的改变现实世界——我们仍旧要面对挫折、困境,这种能力却让我品味到了更多。

此外,它帮我形成了对世界更为复杂、细微的理解,而这种理解在每一次需要直面"世事变迁"的时刻,都是我的庇护所在。

"看见很少"和"看见更多",有时很相似:你时而觉得事实是这样;时而觉得事实是那样。两者的区别是,"看见很少"时我们的心制造出重重幻象,让我们看似看到了很多事实——但这些所看见的，皆是由你的心念所生，你恐惧它们就可怖，你心怀期待它们就看似完美。你的自我就像被抛在滔天的海浪中，时而大起时而大落，没有平静。

"看见更多"时，我们看见现实。我们充满失望，因为现实不为我们的心念所动。但这种失望最终让我们平静下来，"在我们的自身中安居"。

我们知道自己的人生故事缘何这样开展，也据此知道自己该要前往何处。你知道自己可能会在什么情况下摔倒，即便你仍然会摔倒，却不再是那个一无所知的人。

但必须指出，心理学并不是唯一的途径，人们的发展最终都会提升他们关于自己的认知，有的人通过其他路径，甚至只是通过生活本身。心理学只是其中一个路径罢了。

2

福柯在《自我的文化》中，认真讨论过"关注自己"这个概念。希腊人叫做 *epimeleia heautou*。古罗马哲学家爱比克泰德说，人类只有在关照自己的时候才变得与神灵相似。

关注自己，是指像一个手艺人一样，把"我们与自己的关系"当作对象，不断打磨和提升这种关系。关注自己是一种终身的实践，它始终指向我们与自己之间的长期关系。

柏拉图有一篇不算著名的作品《阿西比亚德篇》，但福柯对此极为重视。这篇作品描述了苏格拉底教导阿西比亚德,应该关注自己。

阿西比亚德不满足于他的出生,他没有接受过斯巴达年轻人都享有的良好教育,他被托付给了一个完全无知的老年奴隶,不知道一些基本的道德、准则。但在他成年后不久,苏格拉底介入了,他说,你正处于生命的转折期,你应当关注自己。

福柯指出,关注自己是一种义务,它和"年轻"有关,和"想要治理城邦的野心"有关,此外还和某种"有缺陷的教育"相联系。年轻时更需要关注自己,想要治理他人的人要先关注自己。

他说,关注自己之所以必须,是因为教育有缺陷,"关注自己"是对所接受的教育的一种补充。通过关注自己这种实践,我们能够不断获得新的认知,从而摆脱来自众人、来自误人子弟的老师以及父母和身边人的错误意见。通过关注自己,我们获得了一套关于自我的"文化"——里面既有知识,也有价值取向。

福柯强调,这套"自我的文化"让我们的生命有了真正的目标,同时给了我们斗争的勇气和武器,还有祛病和治疗的功能。前文提到的古罗马哲学家爱比克泰德,就认为自己开设的学校是一所"灵魂的诊所"。

3

以前,老师和我说,每个人身上都带着他们康复所需的核心力量。我并不十分相信这件事。

现在如果你问我,我会说,那个神奇的力量,就是"真实"。

人们并没有自己想象中那么喜欢真实。大多数人包括我,都时而需要幻象带来的暂时的温度和希望感。

但改变的确是从直面真实开始的。和"真实"密切相关的一件事就是"失望感"。有些人穷尽一生,无法学会该如何承认失望感。因为不愿意接受那种失望的必须存在,他们在一个幻象和另一个幻象中不断躲避和逃离。因此付出很多代价。

而当你看见并承认真实,命运的巨轮就会开始出现细微的转变——从而在一段时间后变成相当可观的改变。

人生尽是幻象,你要敢于戳穿。

4

与真实的自己建立关系的道路,艰苦而漫长。你要相信你所做的一切,对你的过去和当下而言,都有其功能和作用,哪怕为此付出一定的代价。

我们要既不失温柔与耐心,又充满勇气与坚决地走上探寻真理、打破幻象的道路。最终由真实引领着,找到平静和满足。

于你的内心,静待一场万物复苏

1

最近,有个朋友 A 跟我提起了一个有意思的感受,Ta 把它称为"万物复苏"。

我与 A 从小相识,Ta 小时候是个古灵精怪的人,爱捉弄人,虽然一直是个真挚诚实的孩子,但活泼狡黠,性情还稍有些肆意。

后来 Ta 在青春期遭遇了一些家庭和学校同辈群体的挫折,变得"仿佛被冰冻住了",这是 Ta 自己的形容。Ta 说,后来我就觉得自己变成了一个非常严肃的人,情感单一,因为单一也容易深厚,但一板一眼,其实并不是自己最喜爱的自己。

Ta 说,但最近仿佛感到身体里有一些过去的自己和记忆"复活"了——仿佛四肢都重新可以开始活动,有些自己过去灵动的样子开始隐隐显现,自身因而变得更为"松快"了。

我很喜欢这个故事。

始终在生活中保持着一种"严肃"的心态,看到一些不符合自己预期的东西就皱眉,常常是因为自身并不处在一个"松快"的状态里。那些更松快的人,会有一种接近"幽默感"的东西,他们会在类似的情况下觉得"也挺好玩""娱乐一下""嘻嘻哈哈"。这其实并不等于对生活的不尊重,反而是一种"不较真"地投入享受在生活中的表现。那状态里有一种极具有"流动性""不僵化"的质感。

那些僵化地看待和应对着他人的人,往往仍处于某种自身的困局中。始终保持着过度严肃的人,也许一定程度上是被"冰冻"起来了。等他们自身回暖,他们会发现自身可以更加灵活,周边一切也更令人愉快。

真希望所有这些"冰冻孩子"们,都能早日于自身中感受到"万物复苏"。

2

今天见到一个从一出生就认识的好朋友,拉了几句家常,说到在感情里执迷这件事。

她说,那些在感情里陷入输赢的想法中的人,觉得只要还在僵持,自己就还没有输,而如果放弃则就是输了。可这种想法,早已违背了追求感情的根本目标——就是让自己更为幸福。

很多时候一个人过得幸不幸福,很受到伴侣在日常小事上的作为的影响。这个人足够爱你吗?勉强得来的感情,会让你足够幸福吗？没有人值得一个人放弃自己对幸福的追求。既然幸福才是目标，就要始终向着它走去。

她和她的先生现在过得很幸福。

3

我自己最近在想的，则是与"故事"，与"人设"有关的东西。

它们实际上广泛地存在于所有的关系里，存在于几乎每个人与每个人的互动中。

有时候，觉察到这种人设的存在，看似是拉近与"故事的拥有者"之间关系的捷径。你遇到一个人，觉察到 Ta 无意识在书写的剧本，意识到 Ta 想写在你身上的人设，你有机会选择迎合那个人设，与 Ta 的故事丝丝入扣，你们之间会以很快的速度建立起深入的连接感——除了你自己知道，你不全是那个人设。

不得不承认，这是一条诱人的捷径，尤其是当更为自然的连接看似很难发生，而你又单方面很希望连接住 Ta 的时候。

但现在的我，会在生活里，尽力不走入这样的故事中，不作为一个"满足人设的存在"而存在。当我愈发知道自己是谁之后，我对于作为自己以外的存在，就愈发失去了兴趣。对每个人来说，"我"都是一个整体的存在，一个独特的存在。我不喜欢他人试图对这个存在进行部分的阉割。

请让我们彼此认识。这个真正认识对方的过程中，需要冲破重重的迷雾——因为每个人的身上都活着来自过去的憧憧鬼影。然后，再让我们尝试磨合彼此的需要。我的故事，就如同你的故事一样重要，但最终我们的关系，将不会是任何一方所写好的故事中的样子。

只有以这种方式最终建立起来的连接，才是我所认可的、我认为极具价值的。这种连接感，会给人带来许多的满足。

我想，我们最终都必须学会把自己看得如同他人一样重要，从而觉得，没有谁，值得我们以"更不像我们自己"的方式去强求。

我是轻松的，你是爱我的。如此甚好。

"生命充满谬误,我把它还给虚无"

1

最近大病了一场,到现在也没完全好,但总体来说过得很开心,显著地变得更快乐了是近年的事。小时候恐惧人生太长,现在却觉得幸亏人生足够长,长到总能把磨难变过客,让一些以为永不会改变的心境变得恍如隔世。

因为身边人的关系,最近想了一些事。

我总觉得,我们每个人的精神世界,都是俄罗斯套娃的模样,每个人都有一层一层的真相,每一层都是真实的,但每一层都不一样。一个个体的复杂程度,就好比是套娃的层数,复杂的人是那些有着更多层真相的人。

有些人能激活、看见、理解我们更多层的自我真相。这些人对每个人来说都是稀少珍贵的,因为在 Ta 面前,我们有着更丰富和完整的存在体验。无论我们是否认为这种体验是必须的,它都的确是特殊的——是一种独一无二的"舒服"的感受。

我现在越来越贪恋这种感受，可能因为都已经不再是总想拼命向他人解释自己的少年时，也终于接受了那些不懂自己的人，纵使剖白了自己的心出来，也一样是不能或者不愿懂的。于是我更加珍惜，那个总能在一抬眼间，就看懂你所有的不易的人。

2

近日重温了我最爱的剧目《悲惨世界》。雨果是我在小学四年级读的，是第一次阅读长长的著作。言来去看了音乐剧。悲惨世界，特别让人质疑人们为何要竭尽全力过好一生，到最后，高贵的也好、低俗的也好、牺牲也好、误解也好，都是一样化为乌有。沙威在自尽前，有一段独唱，其中有一句法语版的歌词被这样翻译成中文："生命充满谬误，我把它还给虚无。"每次听都觉得直击心灵。

但现在我却觉得，因为有一个这样深深懂得的人存在，和Ta一起时，真的可以觉得世界是不重要的。虚无是不重要的，因为我们是携手面对着虚无。

> "他不愿再继续无止境的飞行，苍白的月亮飘过他的身边，关于这世界他已经知道的够多。"
>
> ——里尔克《时祷书》

小瞬间

因为失无可失，
所以不用患得患失

1

最近在想和"期待"有关的事。

作为旁观者的时候，能够看到，有一些人始终期待的比一般人更高，而另一些人则会期待最保守的回报。

如果说我们的每一个人生选择，都在影响着其后一段时间内的"后果"，长到这个年岁，我们都已经明白只有一部分"后果"是由"努力"决定的，时机、环境中的偶然因素，都会影响后果的发生。每个人都有自己的选择倾向性，有些人始终觉得不会有更好的事发生了，而有些人始终相信会有更幸运的事到来。而这种倾向性即便在同一个人身上、在生活不同的方面中也各不相同。

影响我们做选择的，很多时候都是对生活的期待。这很好理解，期待更高的人，往往愿意付出一些风险。而期待更低的人，则常常选择抓住现有的好处。

只不过，我以前认为，人是有能力调节自己"期待程度"的高低的。

人们如何决定自己要从生活中期待多少？他们如何得知自己期许得太多了，或者自己期许得还不够——自己值得更多更好的？如果每个选择都暗含了一个价格在其中，我们如何知道自己支付的是否过多？也许并不需要支付这么多。

有个小姐姐关于这件事的讨论深得我心，也符合我这几年的观察和思考所得。她说，人们对于生活期望的高低，并非是一个自己可选的决定。这是一种生存状态。人们从自己既往能够拥有的生活体验中，很直接地养成了自己的生活状态。有些人一直幸运，他们于是无法安于不够"高性价比"的人生选择——比如艰苦付出才能获得等价甚至更低的回报。

另外一些人经历了太多失望，因此也没有能力真的去向生活要求更多——即便他们都会说，我知道自己值得更好的。

我的这个好朋友是这样说的，除非人们看到了一些与既往经验不同的事，且这些事看起来如此生动可信；又或者他们真的经历到了一些与过去不同的人生事件。只有人们重新怀有了新的信念，他们对生活怀有期待的方式才会改变。

因此有些人是通过见证了其他人的生活而改变的，有些人是通过遇见了更好的人和事而改变的。在什么都没有发生的情况下，改变是不会发生的。

而结果又是如此的显而易见，总是对生活抱有最低期待的人，也没有给予过生活给他们惊喜的机会。

对此我感到伤怀,却又无计可施。

2

与此同时,我看到了这样一种应对的策略。

我看到这样一些人:由于他们没有被(命运)允许过拥有一种更容易的生活,由于生活以苦难教育了他们,他们很难相信更幸运的事会在自己身上发生。他们已经懂得,抱怨是没有用的,要以最尽力的付出,取得尽可能好的人生,但同时他们又没有妥协过。

他们做着最差的打算,却仍然秘密地期许着最好的可能。他们期待着最好的可能——尽管同时也做好了这一切不会发生的准备,却仍然骄傲地期许着——就这样,一旦最好的可能发生了,他们也就完全改变了自己面对和相信这个世界的方式。

"虽然我不曾有过最好的,却仍然不想为此妥协接受所有次好的可能。因为失无可失,所以不会患得患失。"

看到他们隐忍地坚持时,我总是很动容。

3

因为身边一个好朋友的关系,还想到另外一件事:相爱是什么呢?

我这几年越来越觉得,相爱是一种共谋(非贬义),或者应该更准确地说，相爱是从一场非蓄意的共谋开始的。

每个人的心底可能多少都怀有着浪漫不死的美好想象。在一个刚刚好的相遇中，你们彼此选择，共同制造了一种由"相信"作为基石的境遇——例如，彼此相信对方是特别的，彼此相信这场相遇的意义，彼此相信对方会看重自己因而愿意为对方做出超越寻常的投入。这种共谋搭配得越好，则关系维持的时间越长、深度越深，甚至在其中的个体满意度也会更高。

我深感能够遇到愿意多年与你共谋的人，也算是一种幸运的形式。

因为慢慢地，你发现长大后，有很多人非常擅长试探彼此是否存在共谋的可能。弗洛伊德曾经说，在所有最重要的选择面前，他都会像盲目地一头扎进游泳池里一样，全靠直觉和冲动做出选择。尴尬的是，人们逐渐学会先试探对方是否存在这样的冲动，并学会了及时给自己的冲动刹车。

有时候，如果没有一方愿意先卷入自身的话，足够激荡人心的共谋就没有机会发生。

今天我想祝愿你们，都能遇见懂得你的复杂，而后刺破你的复杂，看见你所竭力保有着的天真的核心的人。在 Ta 面前，你有机会继续做这个天真的自己，即便这种天真看似早已不合时宜。

愿与那人看遍山河远阔，也尝尽人间烟火。此前你看到世界的甘甜与苦涩，此后你长心安，旧事不复诉。

"危险的事固然美丽，不如看她骑马归来。"

最好的人生状态:
什么都没有,但什么都不缺

1

有个叔叔辈的好朋友,是个有智慧的人。前两天我搭他的便车,他跟我说,他今年总结出两句话,是他所认为的人生最好的状态,那就是"什么都没有,但什么都不缺"。我深以为然。

相反的,过得不好的情况也很典型,那就是"什么都有,但什么都缺"。

到最后你会发现,你与全部的人生之间,只不过是一种彼此经过的关系。你把自己敞开,无论是什么样的生活,都只是像水一样从你身上流过。

一旦当你试图去拥有什么,或者试图让什么属于你,你同时也会被它限制。

2

到今年,我开始理解"承受"这两个字的力量。

面对自己所不乐见的情形,人们总是出于本能的对抗。有时,所欲对抗的事物是那么的多。最极端的案例,就是自杀的意图。人们可能以为自杀是一种屈服于生活的表现,其实恰恰相反。自杀是一种最为极端的对抗心。

"我拒绝接受生活试图强加给我的,以至于我宁愿用死亡来表达我的愤怒和抗争——你可以令我死去,却无法令我屈服。"

然而真相是,这个世界上没有一个人是不怀屈辱地活着的。当你完全臣服于生活,你学会了"只是去承受"。到那时,你发现所发生的,只能影响到你最为表层和转瞬的情绪,你的更为内里的平和与喜悦却不会受到影响。你始终能够活下去。

承受是女性的智慧,是大地的智慧。

3

"这个世界上没有所谓的选择存在。所有的选择,都只是一种放弃。"

这是我的一位本科时的导师对我说过的。她说她对她的学生们说,人往往意识不到他们想要的太多。而当你觉得自己迷茫不会选择的时候,通常都只是因为你没有准备好去放弃。

4

对于很多有一定人格障碍的人而言，发展人格中的灵活性非常关键。我曾经在一本佛教相关的书中读到，那些痛苦中的、还没有开悟的人，对生活中的每件事都如此严肃，他们一本正经，对所有的事都感到紧绷，情绪和人际间的反应都是僵死的。

而当一个人更为成熟的时候，他对他的生活就产生了一种"幽默感"。他能够在紧张的关头突然看穿这种紧张的可笑，对于过于在意任何事情、死死抓住不肯放手感到"幽默、使人发笑"，他们对待自己的人生有一种轻松的态度和灵活的变通性，因此他们的痛苦和执迷也就远远更少。

这种人格中的灵活性，可能就是所谓的"活得透彻与洒脱"。此时，他们也就会感到曾经沉重的身躯变得轻盈。

5

我和曾经的导师还聊到，女性面对情感上具有掠夺性或者虐待性的男性，往往选择用更大的包容去试图感化。

但真正能够扭转这些男性的，从来都不可能是一再降低的底线，而是真正为自己的选择和行为付出失去的代价。

骨子里，我们不敢让他们付出失去的代价，是因为我们内心对自己的价值存在怀疑。我们对自己有一些根本性的质疑，我们对自己没有足够的自豪感。这令我们产生幻觉：就仿佛不降低底线，我们就会什么都不拥有。

我和老师说，明年希望能一起合作一些社会呼吁行动。我们要让人们明白，他们手中一直都有一种最为有力的制裁的武器，那就是"不容忍"。

如果一个社会能够集体不容忍某些行为，这些行为必将失去它的生存空间。我们需要让他们明白，不改变，他们就会失去所有人。而不是受到他们的威胁，认为如果不容忍，我们就会失去所有人。

聊完之后，老师说她很欣慰。从曾经的学生，到今天的战友，我也感到很开心。

小瞬间

我们如何过上一种更自由的人生?

1

我们这一代的年轻人,是渴望自由的。但自由是什么?生存压力这么大,我们又如何才能获得自由?

从小,我妈妈对我的管束就很严格。所以我从小就想,我要快点长大,长大以后我就自由了。在那个时候的想象里,自由是一种彻底不受管束、又简单又轻松的状态。而等我真的长大后,我才发现,自由并不是一种随着年龄增长就会自然获得的东西,要想获得它,人们需要付出很多努力。

我谈的自由是什么呢?它是指一个人外在的行为、选择、生活,多大程度上体现了 Ta 内心健康的需求和感受,多大程度上将 Ta 往能让他自己感到幸福的道路上引领。

我在北大上完学之后,去了哥伦比亚大学继续学习,硕士第二年的时候,我着手开始准备临床心理博士项目的申请。当时我已经联系好了三位老师为我写推荐信,也受到了很多人的支持和鼓励。但我却渐渐越来越无法忽视自己内心的一种恐慌。我从未进入过社会，内心里怀疑自己是否有能力负担自己的生活，继续读书固然是我的兴趣所在，却可能也有一部分，是逃避进入社会，推迟面对考验。

因为对自由多年的渴望，我对"不自由"十分敏感。我的恐慌是我好像无法靠自己，过上自己现在的生活，在这种恐慌中我的不自由感是空前强烈的——当一个人感到自己的生存需要依附于他人时，Ta是没有任何自由可言的，即便当这个他人给自己很大的空间时也一样。我很庆幸自己在还比较年轻的时候就意识到了这一点。

2

现在很多年轻人，对自由都存在这样一种误解，他们想要的自由里只包含了权利，不包含任何责任义务。另外一种情况是，他们中的有些人不断抱怨周围的环境令自己不具备自由的可能，比如父母不允许。弗洛姆有一本书叫《逃避自由》，讲述了人们有时为了回避承担自己人生的责任，会主动把自由上缴给一种更大的力量，由这个更大的力量来主宰自己的命运。这种现象在生活中其实是很常见的，许多抱怨自己被控制的人，可能没有意识到自己也配合交出了自由，从而让他人成为了为自己的人生负责的人。

自由本身就意味着责任，世界上不存在脱离责任的自由。自由是辛苦的。你首先需要具备在这个社会上存活的能力。经济独立、自给自足是所有人走向自由的起点。这是我在一开始就想要首先强调的事,如果你想知道如何过得更加自由,首先必须接受这一点。如果你还没有做到经济独立,找到自己谋生的方法是你现在最应该做的事。

在意识到这种经济不独立的不自由之后,我选择了暂缓 PhD 计划,硕士毕业后选择了回国。

3

不知道大家有没有想过,命运在我们身上实现的形式,是什么?它不是一个虚幻的过程,它是有一个行动作为中间介质发生的。这个实现命运的行动就是"做选择/做决定"。我们成为什么样的人,过上什么样的生活,本质上就是我们所做的所有大大小小的选择和决定的叠加。

因此,在做每一个选择和决定时,我们能多大程度意识到自己在做什么,自己想要什么,多大程度坚持自己的判断,我们就能够多大程度上自由决定自己的命运。里尔克有一段话说的是,"我们所谓的命运是从我们人里出来,并不是从外边向我们人走进。"

我当时作出回国这个决定,是因为我已经知道自己不是一个喜欢一成不变的人,我更喜欢有冒险的生活。我所就读的社会工作学院、临床精神卫生专业,在美国跨专业就业是比较困难的,如果留在那里,我的职业道路会非常明确。回国的话,我会面临更大的未知,但未知同时也就意味着可能性。因为我了解自己是一个风险偏好者,我做出了回国这个选择。

大家从这个例子中可以看到,如果你想没有障碍地为自己作出决定,你首先需要了解你自己。

自知不是一件容易的事情。对于想要过得自由来说,你最需要的,是一套能够最大程度指导你决定的价值体系。

什么时候我们会觉得不自由呢?当我们在作决定的过程中感到纠结,我们就会觉得不自由。比如我又想要更好的工作发展,又想要更加安适的生活方式。人不可能什么都拥有,这个道理所有人都懂。那为什么还会感到纠结呢?

其实这还是因为,不同的东西,在你心中的价值排序是不够清晰的。哪些东西能给你带来更大的满足感?哪些东西对你来说是更重要的?你的价值排序越明确、越坚定,你就越容易面对各种各样的抉择。

4

我曾经问过一位我很钦佩的长辈一个问题。我说,有时在一些情境中,我不知道是否不诚实能给自己带来更大的利益,难以判断未来可能的获益与风险。这位长辈对我说,是的,你并不了解未来,但你了解自己,你知道什么样的选择是能让你自己舒服的。当时他的这句话给了我很大的启发。我意识到,如果我足够了解我的幸福来自哪些价值感,我在面对诱惑、混沌、他人的意见时,都将能够更笃定、更平静地作出自己的坚持与舍弃。

所以你知道哪些东西能够给你带来最大的满足感么?我有一位大学同班的好朋友,从本科毕业起就选择了不会去公司上班,而是陆续做了一些不同的商业项目,就是因为他发现,自己能够从一件事从无到有的过程中获得极大的满足感,而不太能够从维护一个东西中获得价值感,才义无反顾地放弃进一切大企业工作的机会。

你可以尝试问自己这样一系列问题。你喜欢更有规律的生活,还是更有新意的生活?你更喜欢隐藏于众人中,还是成为注意力的焦点?你是否愿意妥协物质生活的需求,来获得当下更多的舒适?每个人身上都有着多种社会角色,哪一个角色对你来说是最重要的,作为家人朋友的你,还是作为职业人的你?超越日常的精神追求更能满足你,还是生活层面的追求更能满足你?坚守你自己的原则更快乐,还是获得更大的成就更快乐?等等,你需要用有创造力的方式向自己提出这些问题。

如果这些问题你都觉得,答案很不清楚。我给你的第一个建议是读小说,从那些伟大的长篇小说中,你会看到不同的角色作出的不同选择,而他们也会在不知不觉中影响你。

我给你的第二个建议是,去实践。无论你想做任何一个决定,就去做吧,只有在实践这个选择的过程中,你才会真的面对许多问题,只有到了那个直面抉择的时刻,你的决定才会告诉你,你是谁,也塑造了你是谁。靠坐着想是想不清楚的。

5

除了认识到自己的价值体系，为了更自由地走出自己的命运，你还需要认识到一些尤其难以被认识的东西。那就是，你潜意识里存在的一些不良的模式。

人活在这个世界上，自由地为自己作出抉择很难。你不但容易被外界、被他人绑架，有时还会被自己绑架。荣格曾说："内在的境遇如果没有进入意识，就会外在地显现为命运。"它的意思其实是说，如果我们的潜意识里，有一些自己还没有处理好的冲突、矛盾、被压抑了的渴望，我们虽然意识不到它们的存在，它们却会发生在外部世界里，显得好像是我们的命运。

日常生活中很经典的一个例子是，一个女孩子，各方面都优秀，身边也不乏对她好的追求者，但她总是爱上那些不太有能力给予她一段好的亲密关系的人。对于那些表现出对家庭很负责任、对两个人的未来很认真期待、非常体贴她的感受的男人，她无法被他们吸引。这样的事情，在她有约会经历以来的数十年里反复发生，看起来像是所谓的宿命。

但事实上，她就是一个被自己的潜意识绑架了，而无法自由作出选择的例子。因为她的父亲是一个没有能力爱她的人。所以她的潜意识中一直有这样两个愿望，那个看起来不爱我的人其实是爱我的，以及我能够通过我的努力让这个不爱我的人爱上我。但由于在自己的父亲身上，多年来这两个愿望反复受挫，她为了避免痛苦已经把愿望压抑了起来，不让自己感受到有这样的渴望存在，从而避免失望。但她却还是会不断通过爱上类似的男人制造出熟悉的情境，因为那样的愿望仍然存在，只是她转移到了新的情境中，期待在新的情境中得到解决。

她的愿望在新的情境中，倒不一定说绝对不会实现。但一定是困难重重的。而因为潜意识的绑架，她的情感是不自由的。她甚至没有真正接触过那些有能力爱她的人。

很多人的心中都存在着这样秘密的锁，锁住了自己，让自己没有办法从当下的自己究竟需要什么、想要什么出发作决定，而是反复活在过去某些愿望的笼罩中。

人要从自己的束缚中解脱，才能获得真正最高程度的自由，而这种解脱也是最难的。它要求我们抽离出来，站在一个有距离的位置观察自己生活中所有习以为常的细节，发现自己身上存在的自动化的行为和情绪模式，觉察它们对自己造成的影响。觉察会成为我们脱离它们控制的第一步。

6

最后，我还想告诉大家，除了提高自知，如果你想活得更自由，你需要有更多样的生活侧面，和更多元的价值来源。它的意思是说，你在生活中最好同时保有更多样的身份和活动，比如工作、家人、伴侣、兴趣爱好等等，你的生活侧面越多元，能够给你提供价值感的来源就越多。而这些来源不太可能同时失去。

生活中另一个不自由的情境,就发生在价值来源太单一的时候。因为这件事是我仅有的存在的意义,所以我被它困住,当它出现问题,我也会随之被摧毁。这就是一个不够令人满足的生活状态。所以我鼓励大家找到生活的更多面,让自己拥有更多,这样你始终会有寄情之所,不会那么容易感到绝对的困顿。

我们要的自由,都是为了能够自由地走向符合自己需求的幸福。荣格说,一个人想要感到幸福必须具备五点要素:

a. 良好的生理与心理健康;

b. 良好的人际与亲密关系,例如婚姻、家庭、朋友关系等;

c. 从艺术与自然中感知美的能力;

d. 一定的生活水平和令人满意的工作;

e. 一种能够被用来成功应对世事变迁(the vicissitudes of life)的哲学或宗教视角。

大家可以比对一下自己是否都具备了。

我祝愿你们都能够在这个疯狂的时代里,找到内心的平静;能够不疾不徐、笃定地走在自己的路上;能够自由地主宰属于你自己的这短暂的一生。

图书在版编目（CIP）数据

小瞬间 / 钱庄著. —上海：文汇出版社，2020.11
ISBN 978-7-5496-3348-7

Ⅰ.①小… Ⅱ.①钱… Ⅲ.①心理学—文集 Ⅳ.
①B84-53
中国版本图书馆CIP数据核字（2020）第190459号

中文版权 © 上海阅薇图书有限公司
经授权，上海阅薇图书有限公司拥有本书的中文版权

小瞬间

作　　者 /	钱　庄
责任编辑 /	戴　铮
封面设计 /	付诗意
插画设计 /	爻木木
版式设计 /	汤惟惟
出版发行 /	文汇出版社
	上海市威海路755号
	（邮政编码：200041）
印刷装订 /	上海颛辉印刷厂有限公司
版　　次 /	2020年11月第1版
印　　次 /	2021年1月第3次印刷
开　　本 /	787毫米×1092毫米　1/32
字　　数 /	162.8千字
印　　张 /	8.75
书　　号 /	ISBN 978-7-5496-3348-7
定　　价 /	52.00元